W0179903

5

DINGE, DIE EIN
WIENER
GETAN HABEN
MUSS

Alexandra Gruber · Marliese Mendel

50
DINGE, DIE EIN
WIENER
GETAN HABEN
MUSS

pichler verlag

INHALT

VORWORT

50 Dinge, die ein Wiener getan haben muss

„Sie ist wie eine alternde Diva, die sich viel zu stark schminkt." So hat ein echter Wiener einmal seine Heimatstadt beschrieben. Ganz falsch ist der Vergleich nicht. Die Donaumetropole präsentiert sich den Touristen gerne mit gar viel Zuckerguss und Habsburger-Kitsch und in den gängigen Reiseführern wird kein Klischee ausgelassen. Darum möchten wir feststellen: Die Donau ist nicht blau. Die Kellner sind nicht immer grantig. Und die Wiener haben auch Angst vor dem Tod.

Vergessen wir die zigfach wiederholten Stereotype und widmen wir uns dem Inhalt dieses Buches. Es wurde erstens für Einheimische und zweitens für Besucher, die das Besondere suchen, geschrieben. Denn eins dürfen wir Ihnen versichern: Sie kennen Wien nicht wie Ihre Westentasche. Dafür ist die Donaumetropole zu vielseitig, zu überraschend, zu fulminant. Verändern Sie Ihren Blickwinkel und verlieben Sie sich neu in Ihre Heimatstadt.

Ohne Anspruch auf Vollständigkeit haben wir Erstaunliches und Originelles zusammengetragen. Wir verraten Ihnen, wo in der Innenstadt campen möglich oder ein Heiratsantrag besonders romantisch ist. Wie man nostalgische Schriftzüge über alten Läden retten, Badegeselle oder Bücherpate werden kann. Wer regelmäßig in Tweedhosen auf einem Hochrad seine Runden im Stadtzentrum dreht. Warum Einheimische mit der Kutsche über den Zentralfriedhof fahren sollten. Was es in alten Kellern und auf Dachböden zu entdecken gibt. Welche Überraschungen scheinbar Altbekanntes wie Stephansdom, Burgtheater oder Hofburg zu bieten haben. Wie lange die letzten Wiener Paternoster noch ihre Runden drehen werden und wo Raunzen künstlerisch wertvoll ist. Wie man sein Grätzel neu entdecken und die Türkenbelagerung virtuell erleben kann. Wo sich ... ach, lesen Sie doch einfach dieses Buch!

9

Die Autorinnen
Wien im August 2015

WO DEN DOM FAST NIEMAND KENNT

Die Dachboden-Führung samt Spaziergang in der Dachrinne mit fulminantem Ausblick ist ein Gustostückerl für Insider. Sie findet nur zu ausgewählten Terminen statt und wird auch nicht aktiv beworben.

„Die **Pummerin** kennt jeder, aber der **Dachboden** ist etwas Besonderes", sagt Klaus Brenner, während wir mit ihm in der Touristenschlange auf den Nordturmlift warten. „Die Führung auf den Dachboden wollen wir nicht kommerzialisieren. Sie ist für Einheimische gedacht, die durch Mundpropaganda davon erfahren haben", erzählt der Domführer. Die **Dachboden-Tour** wird etwa zwölf bis vierzehn Mal pro Jahr angeboten, ausschließlich in deutscher Sprache, ausschließlich in der warmen Jahreszeit. Meistens geht man die 120 Stufen zu Fuß. Der Eineinhalb-Stunden-Trip wird bereits seit Jahrzehnten angeboten. Trotzdem, die meisten Wiener wüssten nichts davon, vermutet Brenner.

Dabei interessieren sich die Hauptstadtbewohner sehr wohl für das Wiener Herzstück. Als der Südturm des **Stephansdoms** 1954 für Restaurierungsarbeiten eingerüstet werden sollte, strahlte man am Vorabend das Wahrzeichen noch einmal an. Auch Autorin Henriette Mandl wollte den Dom noch einmal in seiner vollen Pracht genießen, bevor er für viele Jahre in ein Gerüst gehüllt werden sollte. „Aber ich war überrascht, als ich am Stephansplatz, ja auch in allen Seitengassen Tausende von Menschen vorfand, die alle gekommen waren, um vom *Steffl* bis auf Weiteres Abschied zu nehmen. Mitten in der Menge stelle ich ergriffen fest, wie sehr die Wiener diesen alten Turm lieben", erinnert sich Mandl.

Ein Wald von Lärchenholz, 605 Tonnen Stahl
Zurück ins Jahr 2015. Den ganzen Tag transportiert der enge Lift Touristen hinauf in den 68,3 Meter hohen Nordturm zur Pummerin, der berühmtesten Glocke Österreichs. Wir steigen schon zuvor auf der Zwischenebene aus. Nach wenigen Schritten öffnet Klaus Brenner eine schmale Tür und schon stehen wir in dem größten **Dachboden**, den wir je gesehen haben. Steil. Hoch. Lang. Voluminös. Einzigartig.

Stephansdom-Modell auf dem Dachboden

01

01

Ausblicke von der Dachrinne

Für ein paar Steinmetze ist dieser Ort wohl längst nicht mehr außergewöhnlich. Sie treiben sich meist im Winter hier herum, um auf dem Dachboden ihrer Arbeit nachzugehen oder ihre Abgüsse von Figuren aus dem Portalbereich zu lagern. „Das sind Eins-zu-eins-Abgüsse, die schauen genauso aus wie das ursprüngliche Stück", erklärt Brenner. „Nur werden Sie dem Original normalerweise nie so nahekommen." Die Dachkonstruktion über unseren Köpfen ist eine technische Meisterleistung aus 605 Tonnen Stahl. Zuvor bestand der Dachstuhl quasi aus einem Lärchenholzwald, nämlich 2000 Kubikmeter Holz. Die mittelalterliche Handwerkskunst wurde im letzten Kriegsjahr durch ein Feuer zerstört, erst danach baute man die Stahlkonstruktion. „Die Leute glauben noch immer, dass der Dom damals von Bomben getroffen wurde, aber das stimmt nicht", erklärt unser Führer. „Er wurde in den letzten Kriegstagen von Plünderern und Brandschatzern schwer beschädigt."

Nun wiegt er ein anderes Original, dem man nie wieder so nahekommen wird, in seinen Händen. Der Domexperte zeigt uns ein Stück der meterweise gestapelten glasierten Dachschindeln, die hier aufbewahrt werden und die man aus jedem Wien-Reiseführer kennt. 230 000 von ihnen schmücken das Dach des Gotteshauses und bilden zusammen das unverkennbare und farbenfrohe Mosaik. „Der ist ein Original aus dem Jahr 1950. Die wurden nach dem Krieg in zehn verschiedenen Farben in Mähren bestellt." Sie bilden bis heute das berühmte Zickzackmuster auf dem Dach. Dort arrangierte man die Wappen des k. u. k. Doppeladlers, der Stadt Wien und der Republik Österreich über dem Albertinischen Chor.

Auf dem Dachboden steht einsam und verlassen eine Stephansdom-Miniatur aus Sperrholz. Das Modell im Maßstab 1:25 sei in Europa schon ziemlich weit herumgekommen, weiß Brenner. „Es wurde auf Weltausstellungen und Kirtagen präsentiert." Ein deutscher Modellbauer habe es geschnitzt. Ohne Auftrag, nur aus Liebhaberei. „Der hat zehn Jahre daran gearbeitet. Es besteht aus 25 000 Einzelteilen, in 64 kann man das Modell zerlegen."

Spaziergang in der Dachrinne
Das Sahnehauberl jeder Dachboden-Führung ist ein **Spaziergang in der Dachrinne.** Das ist möglich, da sie etwa einen halben Meter breit ist und von einer Balustrade umzäunt wird. Jetzt ist aber auch klar, warum Führungen bei Schlechtwetter nicht veranstaltet werden. Durch die enorme Fläche des Dachs und seine extreme Schräge, die an den steilsten Stellen eine Neigung von achtzig Grad aufweist, stürzen bei Regen Unmengen von

Wasser herab. „Wenn es stark regnet, kann die Rinne diese Wassermassen nicht mehr fassen. Es ist dann zu gefährlich, hier herumzuspazieren", erzählt Brenner, während er auf dem schmalen Pfad in luftigen Höhen forschen Schrittes voranmarschiert. Hinter dem steilen Winkel des pompösen Dachs steckt eine praktische Überlegung: Durch die Abflussgeschwindigkeit reinigt sich das Dach bei Niederschlägen quasi von selbst.

Bei Schönwetter ist die **Aussicht** einfach nur imposant und atemberaubend. Das Dach schießt steil in die Höhe, die Innenstadt liegt zu Füßen. Mystische Figuren, die die Außenfassade des Doms schmücken, sind fast in Reichweite. Die winkenden Besucher des Nordturms sowie die Passanten und Fiaker auf dem Boden sieht man nur in Ameisengröße. Ein bisschen werden die Knie weich. Ausgeprägte Höhenangst ist vielleicht nicht von Vorteil.

Vor vielen Jahren, es waren noch Schilling-Zeiten, da sei die Dachboden-Führung samt Ermäßigungsgutschein in einer Tageszeitung beworben worden, erinnert sich Brenner. „Plötzlich standen mehr als hundert Leute da, das war einfach zu viel." Normalerweise kämen im Schnitt um die zwanzig Einheimische pro Tour, um sich den fulminanten Ausblick zu gönnen. „Wir bewerben diese Tour auch in Zukunft nicht", betont der Domführer. „Die Menschen, die sie machen wollen, kommen trotzdem." Das sind die Menschen, die das Unbekannte abseits des Alltäglichen suchen. Und dann das Gustostückerl finden.

Info

Stephansdom: 1010 Wien
www.stephanskirche.at, www.stephansdom.at
Dachboden-Führungen werden in den Monaten Juli, August und September nur bei Schönwetter jeden Samstag um 19 Uhr abgehalten.
Preis: Erwachsene 10 €, Kinder 4 €.

ZWISCHEN DEN HÄUSERN

Innere Stadt | Jüdisches Museum

02

Nur ein kurzer Spaziergang trennt das Jüdische Museum und die Shoah-Gedenkstätte am Judenplatz. Man sollte sich trotzdem mehr Zeit nehmen. Denn eine App lädt zu einem Rundgang durch das jüdische Wien ein.

Eines der nachhaltigsten Erlebnisse ist es, wenn ein schon oft gesehenes Gebäude, eine bisher übersehene Gedenktafel oder ein scheinbar belangloses Geschäftslokal plötzlich eine Geschichte bekommen. Die **kostenlose Museums-App** „Zwischen den Häusern des Jüdischen Museums" ermöglicht genau dies: Sie führt auf den Spuren jüdischen Lebens zu zwanzig Adressen in der Innenstadt – zu Shoah-Gedenkstätten, aber ebenso zu Orten des Wiener Alltags.

Der Rundgang kann entweder beim Jüdischen Museum in der Dorotheergasse oder beim Museum Judenplatz begonnen werden. Dort steht auch das **Shoah-Mahnmal** von Rachel Whiteread, das eine Bibliothek mit nach innen gewandten Büchern darstellt und der 65 000 Juden aus Österreich gedenkt, die von den Nationalsozialisten ermordet wurden und daher keine Geschichten mehr erzählen können.

Direkt unter dem Mahnmal liegen die **Ausgrabungen** der ersten jüdischen Gemeinde Wiens. Das einst florierende jüdische Viertel wurde in der „Wiener Geserah" 1420/21 auf Befehl des Habsburgers Herzog Albrecht V. ausgelöscht.

Das virtuelle Museum führt aber nicht nur zu den Gedenkorten der Judenverfolgung, sondern auch zu Orten jüdischen Alltagslebens, etwa zum Hotel, in dem der Kaffeehausliterat Peter Altenberg wohnte, zur Wohnung, in der Wiens erster Weihnachtsbaum – von einer Berliner Jüdin in die Stadt gebracht – stand, oder in das Geschäft, in dem Alma Mahler-Werfel einzukaufen pflegte.

15

Jüdisches Museum

Dass die jüdische Geschichte nicht nur auf die Jahre von 1938 bis 1945 eingeengt wird, ist ein Anliegen der Museumspädagogin Hannah Landsmann vom **Jüdischen Museum in der Dorotheergasse**. Während die App die verschie-

MUSEUM JUDENPLATZ

02

Fahrrad von Theodor Herzl

denen Orte des Geschehens zeigt, erfährt man bei Exklusivführungen in kleinem Kreis (maximal vier Personen) vertiefende Informationen: Wie ging es den Rückkehrern aus den nationalsozialistischen Konzentrationslagern? Was löste den Konflikt zwischen Bruno Kreisky und Simon Wiesenthal aus? Was hat es mit dem Hafer auf sich, der im Museum ausgestellt ist?

Landsmann und ihre Kollegen nehmen sich für die Besucher gerne viel Zeit. Die Exklusivführungen finden auch außerhalb der regulären Öffnungszeiten statt und bieten die Möglichkeit, mit den Mitarbeitern einen Dialog zu führen, statt nur einem Frontalvortrag zuzuhören. Nach dem Museumsbesuch lädt das Museum die Besucher zu einem Gespräch bei Kaffee und Kuchen ein. „Ich bin auch zuständig für Entschleunigung", sagt Landsmann lachend. Für jene, die es eilig haben, gibt es eine dreißigminütige Führung mit den Museumshighlights. Dieser Besuch führe aber manchmal dazu, dass man wiederkommt, wie Landsmann betont. Die Besucher können sich einen Multimediaguide ausborgen, der Interviews mit Zeitzeugen ebenso enthält wie Bilder der Shoah, Stimmen zu Festtagen und Alltagsleben. „Der Multimediaguide beinhaltet auch viele Objekte, die wir im Museum nicht ausstellen können", sagt Landsmann.

An Liebespaare wendet sich die Führung „Unsere Stadt zu zweit": Hier sieht man zum Beispiel einen Hochzeitsring mit einem Haus als Aufsatz oder erfährt die berührende Geschichte, wie eine Überlebende eines Konzentrationslagers sich in einem DP-Camp (Lager zur Unterbringung von sog. Displaced Persons nach Ende des Zweiten Weltkriegs) in ihren Hebräischlehrer verliebte und ihn heiratet, inklusive Hochzeitsfoto und dreistündiger Hochzeitsreise zu den Krimmler Wasserfällen. Ein weiteres Programm lädt Besucher ein, in jedem der drei Stockwerke zuerst je drei Objekte zu fotografieren und sich beim gemeinsamen Rundgang die Geschichte der ausgewählten Gegenstände von den Vermittlern erklären zu lassen.

Die Idee, das Museum durch die App in die Stadt hinauszutragen und den Ausstellungsstücken und Geschehnissen einen Ort zu geben, sowie die Führungen im Museum selbst ermöglichen einen vielschichtigen Einblick in die jüdische Geschichte, die uns umgibt.

Info

Jüdisches Museum: Dorotheergasse 11, 1010 Wien. Kostenlose Führungen mehrmals im Monat. www.jmw.at
Downloadlink zur App: www.jmw.at/app/jewishvienna
Museum Judenplatz: Judenplatz 8, 1010 Wien

DIE STEHPLATZBANDE

Innere Stadt | Wiener Staatsoper

03

Die Wiener Staatsoper wird als „Erstes Haus am Ring" bezeichnet. Ob das stimmt, kann man zwischen September und Juni erleben – auch mit kleinem Geldbörsl. Zum Besuch sollte man sich aber sicherheitshalber einen Schal mitnehmen.

Die Wiener Staatsoper gilt als eines der bedeutendsten Opernhäuser der Welt, und das kommt nicht von ungefähr. In der Spielzeit von September bis Juni werden – weltweit einmalig – über 60 Opern- und Ballettinszenierungen in mehr als 300 Vorstellungen gezeigt. Außerdem gastieren hier jedes Jahr große Opernstars und Dirigenten. Kein anderes Haus weltweit richtet einen Staatsball aus – und kaum eines bietet mehr Stehplätze.

Neue Bekanntschaften

Der Herr am **Stehplatzeingang der Staatsoper** führt ein strenges Regiment. Kartenkäufer müssen sich in Zweierreihen anstellen, Ausscheren ist nicht erlaubt. Wer seinen Platz verlässt, verliert ihn. Drei Stunden vor Verkaufsbeginn wird eine unscheinbare Seitentüre aufgesperrt. Opernfans mit knappem Budget stehen oft schon seit den frühen Morgenstunden an, um sich eine der 567 Stehplatzkarten zu sichern. Einige Profis bringen einen Klappstuhl und Jausenbrote mit. Jeder, der einen Stehplatz will, muss sich selbst anstellen, denn pro Person wird nur eine Karte verkauft. So kann der geplante Opernbesuch schon bis zu zehn Stunden dauern. Allerdings lernt man viele Menschen kennen, Touristen aus aller Welt, Opernliebhaber und Musikstudenten. Eine Dame erzählt, sie gehe dreimal die Woche in die Oper, ein Herr, dass er 1956 das erste Mal einen Stehplatz genommen habe und seither fast täglich komme. „Wir sind eine Stehplatzbande", sagt ein Dauerbesucher lachend.

Zwischen 3 und 4 Euro kostet eine Stehplatzkarte. Den günstigen Preis erkauft man sich allerdings mit Geduld und Disziplin: Kaum hat man die

18

Karte ergattert, wird man in die nächste Schlange gestellt, bis jemand die Tür zu den Stehplätzen aufmacht, danach ist – Schulter an Schulter – abermals Warten angesagt. Allerdings erfährt man von den Stehplatzveteranen Details zur Aufführung und so manches Gerücht um die Sänger. Und die Qualität der Aufführungen ist sowieso Weltklasse.

03

Für wahre Aficionados gibt es auch eine Stehplatzberechtigungskarte, die das Anstellen am Abend erspart – die Karten sind damit tagsüber ganz normal im Foyer erhältlich. Jene, die lieber sitzen, können sich für zehn Euro in Logen die hinteren Sitze kaufen. Dort hört man gut, allerdings ist die Sicht eingeschränkt. Noch günstiger, nämlich gratis, sieht man die Opernaufführungen in den Monaten April, Mai, Juni und September: Über vierzig Vorstellungen werden auf eine **Großleinwand** vor der Oper übertragen. Wer hingegen an Details zum Haus interessiert ist, kann an einer **Führung** teilnehmen und erfährt dabei etwa, dass das Gebäude – ähnlich wie das Burgtheater – bei den Wienern anfangs überhaupt nicht gut ankam. Das 1869 eröffnete Haus, damals noch „k. k. Hof-Operntheater", sehe aus wie ein „in der Verdauung liegender Elefant" und sei ein „Königgrätz der Baukunst", womit man auf die verheerende Niederlage des kaiserlichen Heeres gegen die Preußen von 1866 anspielte. Die Kritik kam auch vom Kaiser selbst, einer der Architekten der Oper, Eduard van der Nüll, soll sich 1868 wegen der Schmähungen erhängt haben. Dies hat den Kaiser so schockiert, dass er sich ab nun zu Kunstdingen nur mehr mit dem bekannten Satz „Es war sehr schön, es hat mich sehr gefreut" geäußert haben soll. Schon bei der Eröffnung war die Kritik am Bau aber vergessen, die erste Vorstellung am 25. Mai 1869 mit *Don Giovanni* von Wolfgang Amadeus Mozart war ein großer Erfolg.

Der heutige Innenausbau stammt größtenteils aus der Nachkriegszeit. Kurz vor Ende des Zweiten Weltkriegs schlug eine Bombe in die Oper ein. Der **Kaiserliche Teesalon** ist allerdings erhalten geblieben und kann heute für private Feste gemietet werden.

Die Teilnehmer der Führung dürfen auf der 1600 Quadratmeter großen **Bühne** Theaterluft schnuppern, erfahren, wie der Kulissenumbau funktioniert und was es mit der elf Meter tiefen Unterbühne auf sich hat, warum dasselbe Werk kaum an zwei aufeinanderfolgenden Tagen gezeigt wird, welche Bedeutung dem Eisernen Vorhang zukommt, welche der 60 000 bis heute komponierten Opern aufgeführt werden und warum nicht jeder Operndirektor eine Büste im Pausenraum erhält. Es sind die kleinen Details, die den Hausbesuch spannend machen.

20 Der Opernball

Der weltweit einzigartige Staatsball hat strenge Kleidervorschriften: Frauen müssen ausnahmslos bodenlange Abendkleider tragen, Männer Frack. Die rund 5000 Ballkarten kosten einigermaßen verträgliche 290 Euro, ein Pausensaaltisch kostet pro Person schon zusätzliche 100 bis 200 Euro und eine

Loge gibt es ab 11 500 Euro. Um wiederum sehr günstige 25 Euro kann man sich die Proben der Eröffnungszeremonie ansehen.

Besonders interessierte Opernfreunde können sich den „Freunden der Wiener Staatsoper" anschließen, die immer wieder Opernstars zu Gesprächen in den Gustav-Mahler-Saal einladen oder gemeinsam zum Heurigen gehen. Jene, die am liebsten feinsten Operngenuss am Sofa erleben, haben die Möglichkeit, via Smart-TV-App Übertragungen aus der Wiener Staatsoper auch zu Hause zu genießen. Zu jeder Aufführung wird zudem ein multimediales Programmheft online gestellt.

Info

Wiener Staatsoper: Opernring 2, 1010 Wien. www.wiener-staatsoper.at
Staatsoper Live at Home: www.staatsoperlive.com/de/
Weitere Stehplätze in Wiener Konzert- und Opernhäusern:
Volksoper, Theater an der Wien, Musikverein, Volkstheater,
Burgtheater, Raimundtheater, Ronacher

IM DUNKELN DURCH DIE KAISERAPPARTEMENTS

04

Innere Stadt | Hofburg

Die Taschenlampenführung in der Hofburg bietet spezielle Einblicke in das Leben der Kaiserfamilie und wird besonders gerne von Einheimischen besucht.

Die Dame aus dem 19. Jahrhundert läuft in ihrem langen Kleid die prunkvolle Kaiserstiege hinab. „Die Herrschaften sind nicht zu Hause", ruft sie den Besuchern hektisch zu. Die Herrschaften, das sind Kaiser Franz Joseph und Kaiserin Elisabeth. Es ist das Jahr 1897, Kronprinz Rudolf ist bereits seit acht Jahren tot, seine Mutter Elisabeth wird ihm im September 1898 folgen und Franz Joseph ist schon ein älterer Herr. Die kaiserliche Familie residiert in den Wintermonaten in ihren Privatgemächern der Hofburg. Die weitläufige Anlage in der Innenstadt ist bis 1918 das politische Zentrum der Monarchie. Heute haben der Bundespräsident und andere hochrangige Politiker und Beamte in dem riesigen asymmetrischen Gebäudekomplex ihren Amtssitz. Und von November bis Februar führt jeden Samstagabend eine „Vertraute" der Kaiserin durch die **Kaiserappartements.** Heute ist Fanny Feifalik an der Reihe, Elisabeths Friseurin. Die Feifalik war eine wichtige Person am Hof, hing von ihr doch meist die Laune der Kaiserin ab. Die historische Fanny soll ja ein Mädchen von „munterem Witz" und eine „pikante Erscheinung" gewesen sein. „Gnädige Frau, weiß denn Ihr Mann, dass Sie Hosen tragen?", fragt Fanny Feifalik mit gespieltem Entsetzen eine Besucherin. „Bei Hof trägt man doch ein langes Schleppkleid und Frack. Zum Kaiser darf jeder kommen, aber er muss sein bestes Gewand anziehen." Die Fanny aus dem Jahr 2015 trägt die dunklen Haare hochgesteckt und ein langes Kleid, das vorne mit Bordüren und hinten mit einer großen Masche verziert ist. Sie lehrt den unstandesgemäß angezogenen Fremden noch rasch den Hofknicks und die Verbeugung, man weiß ja nie, wer einem in der nächtlichen Hofburg begegnet. „Nun dürfen Sie Ihre Kerzen einschalten, dann zeige ich Ihnen die Räume der Herrschaften." Die Hofburg wurde erst im Jahr 1891 elektrifiziert. Heute Abend bleibt das elektrische Licht ausgeschaltet, die Besucher haben Taschenlampen mitgebracht, die als einzige Lichtquelle dienen werden. Zwei Dutzend Taschenlampen gehen an. Fanny Feifalik öffnet eine Tür und geht vor – zurück in die Vergangenheit.

22

Turnzimmer der Kaiserin

Fanny Feifalik

04

Fünfzig Zentimeter Taillenumfang

Wir leuchten in Vitrinen mit ausgestellten Kleidungsstücken der Kaiserin. Ein Morgenmantel aus weißem Leinen mit Spitzenbesatz, ein Bademantel mit Bordüre, ein Tageskleid und ein Hermelinensemble, schwarze Halbschuhe mit goldenen Schnallen. Und ein Taillengürtel. „Da passt ja nicht einmal mein Fuß durch", flüstert eine (schlanke) Besucherin. Nur unglaubliche fünfzig Zentimeter Umfang hatte die Taille von Elisabeth auch noch nach der Geburt ihrer vier Kinder.

Fanny führt die Gruppe in das **Audienzzimmer des Kaisers.** Hier hielt Franz Joseph zwei Mal pro Woche allgemeine Audienzen, die jedem Bürger der Monarchie zugänglich waren. Wie Fanny schon erwähnt hat, mussten Audienznehmer in ihrem schönsten Gewand erscheinen.

„Man darf mit dem Kaiser nur zwei bis drei Minuten reden und ihm nie den Rücken zudrehen", erklärt Fanny und trippelt rückwärts mit einer leichten Verbeugung in Richtung Ausgangstür. Sie richtet sich wieder auf und zeigt auf ein Bild, das den jungen Franz Joseph in einer Galauniform zeigt. „Er war so ein schöner Mann", schwärmt sie. „Heute ist er ja schon etwas älter. Aber Frau Schratt kümmert sich ja gut um ihn." Die Beziehung des Kaisers zu der Schauspielerin Katharina Schratt war tatsächlich schon damals kein Geheimnis, war sie doch von Elisabeth persönlich eingefädelt worden. „Die Kaiserin ist froh, dass sich jemand um ihren Gemahl kümmert. Wir sind ja meistens auf Reisen."

Wir passieren das **Konferenzzimmer** mit den kriegsverherrlichenden Bildern an der Wand und gelangen in das private **Arbeitszimmer des Kaisers.** „Um vier sitzt er schon am Schreibtisch", erzählt die Feifalik. Hier frühstückte der Monarch und gönnte sich im Anschluss meistens eine Zigarre. Am Schreibtisch stehen noch seine Kaminuhr, ein großes rotes Feuerzeug und zahlreiche Familienporträts. Während der Arbeit hatte der Kaiser ein Bild seiner Frau im Blickfeld, auf dem ihre langen Haare vor der Brust verschlungen sind. Es ist eines der drei berühmten Winterhalter-Gemälde. Ein zweites an der Wand gegenüber zeigt die Kaiserin mit offenem Haar in einem Nachtkleid. „Dieses Bild darf eigentlich nur der Kaiser sehen", sagt Fanny.

Viel Tragisches weiß sie auch vom Hofleben zu berichten. Sie erzählt von Kronprinz Rudolfs harter Erziehung, seinen Affären, der Kokainsucht und den Depressionen der Kaiserin. Im spartanisch eingerichteten Schlafzimmer des Kaisers ist es Zeit für eine kurzweilige Anekdote. Da gab es diesen stets betrunkenen Diener, der Franz Joseph jeden Morgen um halb vier in der Früh in einer transportablen Kautschukbadewanne badete. Weil der Badewaschl keine Lust hatte, um diese unchristliche Zeit aufzustehen, ging er gar nicht ins Bett, sondern schlug sich die Nächte bei einem Heurigen um

24

die Ohren. Eines Morgens musste der Kaiser den Angetrunkenen stützen, damit dieser nicht in das Badewasser kippte. „Der Diener wurde aber nicht entlassen, sondern in die Stallungen versetzt", weiß Fanny.

Elisabeths Haarpflege

Die Kaiserin mochte es da schon viel moderner als ihr Herr Gemahl. Sie ließ sich 1876 eine Badewanne aus verzinktem Kupferblech mit Trinkwasserleitungen einbauen. Auch ihr Bett war bereits sehr innovativ. Sie hatte ein Klappbett, das sie auf ihre Reisen mitnahm. „Sie schläft gerne in ihrem eigenen Bett. Seit sie nicht mehr reitet, wandern wir bis zu acht Stunden pro Tag." Fanny und das restliche Personal durften aber oft in der Kutsche nebenherfahren. „Wir können ja nicht mit ihr mithalten."

Im nächsten Raum war Fannys Arbeitsplatz. „Hier mache ich ihr die Haare. Das dauert jeden Tag zwei bis drei Stunden. Wenn ich krank bin, verlässt sie das Haus nicht", sagt sie stolz. Unter anderem war Fanny verantwortlich für Sisis berühmte Haarkrone mit den auf dem Kopf verschlungenen langen Zöpfen. Alle paar Wochen wurden die kaiserlichen Haare gewaschen. „Das Shampoo war eine Mischung aus Dotter und Cognac." Fanny lässt die Besucher an der Mixtur riechen und teilt kandierte Veilchen aus. „Eine Lieblingsnascherei der Kaiserin." Im **Toilettezimmer** von Elisabeth stehen noch ihre Turngeräte, an denen sie stundenlang trainierte, um ihre legendäre Figur zu erhalten. In bodenlangen Kleidern, wohlgemerkt.

Im **Salon der Kaiserin** frühstückte diese mit Franz Joseph. Die große Tafel ist mit edlem Geschirr und gefalteten Servietten gedeckt, als ob jeden Moment der Hofstaat zum Diner erscheinen würde. Bis zu zwölf Gänge wurden damals serviert. „Man durfte nur mit seinen Sitznachbarn sprechen, und das möglichst leise", sagt Fanny. Legte der Kaiser sein Besteck zur Seite, wurde abserviert. „Auf dem Besteck ist unser Kaiseradler abgebildet. Ich bin mir sicher, dass es noch sehr lange benutzt wird." Die Feifalik sollte recht behalten. Bis heute wird es für Staatsbesuche verwendet.

Als die Taschenlampen ausgehen, hat Fanny Feierabend. Samstag in einer Woche wird in der Hofburg die Zeit wieder auf das Jahr 1897 zurückgedreht.

Info

Hofburg: Hofburg / Innerer Burghof, 1010 Wien
www.hofburg-wien.at, www.imperial-austria.at
Taschenlampenführung: November, Jänner und Februar an ausgewählten Samstagen, 18:30 Uhr.

DIE GEISTIGE SCHATZKAMMER DER NATION

05

Innere Stadt | Österreichische Nationalbibliothek

Etwa elf Millionen gesammelte Objekte werden in der Österreichischen Nationalbibliothek verwahrt. Wer helfen will, diese gigantische Sammlung zu erhalten, kann Buchpate werden.

Vor mehr als zwei Jahrzehnten wäre die geistige Schatzkammer der Nation fast ein Opfer der Flammen geworden. In der Nacht vom 26. auf den 27. November 1992 brannten die **Redoutensäle** in der Hofburg ab. Die Spanische Hofreitschule musste evakuiert werden und fast hätte das Feuer auf den Prunksaal der Nationalbibliothek übergegriffen. Die Polizei hatte bereits mehr als 10 000 Bände in Sicherheit gebracht, als gegen 5 Uhr in der Früh die Entwarnung kam: Die Löscharbeiten waren erfolgreich, die Nationalbibliothek gerettet.

Ein Verlust, der nicht auszudenken gewesen wäre: Die **Österreichische Nationalbibliothek** archiviert und verwaltet etwa elf Millionen Objekte, Tendenz steigend. Davon sind rund 3,8 Millionen Bücher, der Rest Fotos, Grafiken, Karten, Papyri, Globen und elektronische Dokumente. Uralte kulturelle Schätze wie die ägyptische Papyrussammlung (180 000 Objekte) oder eine byzantinische Handschrift aus dem 6. Jahrhundert werden hier verwahrt, Teile der Sammlung erklärte die UNESCO zum Weltdokumentenerbe. Alles, was je in Österreich erschienen ist oder publiziert wurde, wird hier gesammelt. In der Neuen Burg am Heldenplatz befindet sich die öffentlich zugängliche **wissenschaftliche Bibliothek,** am Josefsplatz gleich um die Ecke der heute als Museum genutzte **Prunksaal,** die Verwaltung und einige der insgesamt acht Sondersammlungen.

Jede österreichische Publikation muss in der Österreichischen Nationalbibliothek abgeliefert werden, bis 1918 galt diese Pflicht auch für den Großteil der Monarchie. Sucht man Informationen egal welcher Art über Österreich, findet man sie hier. Wer Hilfe beim Recherchieren braucht, erhält bei einem Arbeitsaufwand unter dreißig Minuten kostenlos Auskunft. Außerdem bietet die Nationalbibliothek Suchstrategie-Schulungen an. Seit vielen Jahren werden auch urheberrechtsfreie Bücher und historische Zeitungen digitalisiert und kostenlos online angeboten.

26

Prunksaal

Heldenplatz

Josefsplatz

05

Österreichische Nationalbibliothek

Klingonisch-Crashkurse und Grillparzers Arbeitszimmer

Der Österreichischen Nationalbibliothek untersteht auch eine Reihe von Museen: das **Papyrus-**, das **Globen-** und das **Esperantomuseum** sowie der **Prunksaal** aus der Barockzeit, der als einer der schönsten Bibliothekssäle der Welt gilt. Unter anderem findet man hier die 15 000 Werke umfassende Bibliothek des Prinzen Eugen von Savoyen. Spezialtipp: In der „Langen Nacht der Museen" bietet das Esperantomuseum Crashkurse in Esperanto und Klingonisch (!) an.

Das **Literaturmuseum der Österreichischen Nationalbibliothek,** das im April 2015 eröffnet wurde, bietet wechselnde und Dauerausstellungen, Lesungen sowie Workshops rund um das Thema österreichische Literatur. Eingerichtet wurde es im Hofkammerarchiv in der Johannesgasse 6, wo einst Nationaldichter Franz Grillparzer seinen Beamtendienst versah. Das Zimmer, in dem er seinen (anscheinend spärlichen) Amtsgeschäften nachging, ist noch im Originalzustand erhalten. Hier schrieb er den berühmten Satz: „12 Uhr Mittag ins Bureau. Keine Arbeit vorgefunden."

Kampf gegen Tintenfraß und Holzwurm

Hillary Clinton, Martin Scorsese und Donna Leon haben es bereits getan: Sie übernahmen die Patenschaft für ein Objekt der Österreichischen Nationalbibliothek. Denn das Restaurieren und Konservieren von zum Teil uralten Büchern, Karten, Handschriften, Globen oder Fotos kostet sehr viel Zeit und Geld. Wer zur Langzeitkonservierung von Sammelbeständen einen Beitrag leisten möchte, kann sich je nach persönlichem Interesse ein Werk aus einer Liste aussuchen und dafür spenden. Scorsese hat sich für die älteste Ansicht von New York aus dem Jahr 1650 entschieden, Hillary Clinton wurde Patin für den Amerika-Band des *Atlas Blaeu-Van der Hem.* Die Aktion besteht seit 1990 und bis heute konnte die Nationalbibliothek rund 7000 Buchpaten gewinnen. Die Spender erhalten als Dankeschön eine Ehrenurkunde und dem restaurierten Objekt wird ein Exlibris mit dem Namen des Paten beigefügt. Einmal im Jahr sind die Paten beim Empfang der Generaldirektorin eingeladen.

Info

Österreichische Nationalbibliothek: Josefsplatz 1, 1015 Wien
www.onb.ac.at
Literaturmuseum der Österreichischen Nationalbibliothek:
Grillparzerhaus, Johannesgasse 6, 1010 Wien

Lite
ratur
muse
um

GRILLPARZERHAUS

Literaturmuseum

Hauptlesesaal

05

MULTIMEDIALE ZEITREISE IM KLOSTERGEWÖLBE

06

Innere Stadt | Time Travel

....

Ungefähr zwölf Meter unter der Straße werden in der Wiener Innenstadt 2000 Jahre Stadtgeschichte mit modernsten Mitteln zum Leben erweckt.

Millionen von Jahren fliegt die Zeitmaschine zurück, bis der gewaltige Tritt eines Dinosauriers uns rasant in das Römerlager Vindobona und dann weiter ins mittelalterliche Wien befördert. Die Schwänze der Tiere streifen unsere Füße. Wir rasen mit ihnen durch den Stephansdom, der gerade erbaut wird, bis zu seinem höchsten Punkt. Der Fahrtwind bläst uns ins Gesicht. Dann Kanonenschüsse, die Sitze zittern von den virtuellen Detonationen. Wir befinden uns im Jahr 1683. Aus der Vogelperspektive sehen wir, wie die Stadt von den Türken belagert wird. Kurz darauf landen wir wieder im Hier und Jetzt. Schade, es hätte ewig so weitergehen können. Keine Frage, das 5D-Kino ist das Highlight der **Multimediashow „Time Travel"**. Eigentlich gibt es nur eines zu bemängeln: Der Film ist viel zu kurz.

Ungefähr zwölf Meter unter der Straße im **ehemaligen Weinkeller des Salvatorianerklosters St. Michael** in der Wiener Innenstadt wird seit dem Sommer 2012 in fünfzig Minuten ein Auszug aus zweitausend Jahren Stadtgeschichte geboten. Dabei geht es hauptsächlich um Animation und Unterhaltung, weniger um historische Präzision. Empfangen werden die Besucher im Gewölbe von sakralem Chorgesang und bekannten österreichischen „Nationalhelden". Die Figuren auf den Gemälden bewegen sich und können sprechen, wie man es aus Harry Potters Zauberschule kennt. Da mokiert sich Maria Theresia über Sigmund Freuds Raucherei, dort plänkelt Sisi mit Wolfgang Amadeus Mozart.

Zur Audienz am Habsburgerhof

30 Nach den atemberaubenden Spezialeffekten der Kinovorführung laden die bedeutendsten Kaiser der Habsburgermonarchie zur Audienz. Maximilian I., auch bekannt unter dem Beinamen „der letzte Ritter", Maria Theresia und Franz Joseph I. samt Ehefrau Sisi treten im nächsten Raum als lebensgroße und animierte Puppen vor ihre Untertanen. In zum Teil nasalem Wienerisch

06

tauschen sich die vier Hochwohlgeborenen über habsburgische Siege, Niederlagen, die Heiratspolitik und deren Folgen aus. Maria Theresia bemerkt, „dass sich die Habsburger alle so ähnlich sehen". Franz Joseph, der ja bekanntlich mit seiner Kusine verheiratet war, nimmt es gelassen: „Ein bisserl Schwund ist halt immer dabei."

Die Erlebnisreise führt weiter ins Reich der Musik. Plastikausgaben von Johann Strauß Sohn und Wolfgang Amadeus Mozart diskutieren über die Bedeutung ihrer Musik, danach lädt der Wiener Kongress zum Walzertanzen auf ein Drehkarussell.

In den nächsten Stationen folgen Österreichs dunkelste Jahre: Kaiser Franz Joseph liegt aufgebahrt in einem Sarg, dahinter laufen die Originalbilder seiner Beerdigung im Kriegsjahr 1916. Danach werden die Luftangriffe während des Zweiten Weltkriegs in einem nachgebauten Bunker simuliert. Der Boden vibriert unter den Beinen, Bomben schlagen ein, Sirenen heulen, ein nationalsozialistischer „Volksempfänger" rauscht im Hintergrund. Während des Krieges war das Salvatorianerkloster ein Zufluchtsort bei Bombenangriffen. Die Kapitulation des Deutschen Reichs, die Nachkriegsjahre und die Unterzeichnung des Staatsvertrags lösen das Unbehagen rasch auf.

Time Travel schließt klassisch wienerisch. Wir fliegen mit einem virtuellen Fiaker über die Dächer der modernen Stadt, schweben über die Hofburg, den Stephansdom, Schloss Schönbrunn und den Prater. Wien präsentiert sich wie die herausgeputzte Diva, die es heute ist: voll imperialer Pracht und Schönheit.

Time Travel macht Lust auf die Highlights von Wien. Und jede Menge Spaß – Erwachsenen und Kindern gleichermaßen. Die schlechte Nachricht für die Kinder: Den Geschichtsunterricht erspart es euch nicht.

Info

32   **Time Travel:** Habsburgergasse 10 A, 1010 Wien
Täglich 10–20 Uhr, Showstart alle 20 Minuten, Dauer: ca. 50 Minuten.
Eintritt: Erwachsene 18 €, Kinder/Jugendliche 14 €.
www.timetravel-vienna.at

GRÄFIN KRACH GEBORENE MANDEL

Innere Stadt | K. u. K. Hofzuckerbäcker Demel

Der Autor Friedrich Torberg setzte der K. u. K. Hofzuckerbäckerei Demel in seinem Buch Tante Jolesch ein literarisches Denkmal: „Der Demel ist mehr als eine Institution. Eine Legende." Eine, die bis heute zu Gaumenschmeicheleien und Ausflügen in die Geschichte des süßen Wien einlädt.

„Haben schon gewählt?", fragt die Demelinerin. Sie ignoriert keinesfalls Grammatikregeln, sondern spricht das „Demel-Deutsch" mit seiner charakteristischen Mischung aus Majestätsplural und Höflichkeitsform. Die förmliche Anrede und die „Demelinerinnen", das ausschließlich weibliche Bedienpersonal, sind nur zwei der vielen Traditionen, die von den wechselnden Besitzern seit der Gründung des Hauses im Jahr 1786 beibehalten wurden: von August Dehne, der die Zuckerbäckerei 1857 an seinen Gesellen Christoph Demel verkaufte, von Anna Demel, die bis 1956 täglich an der Kassa thronte, und vom Künstler Friedrich Ludwig Berzeviczy-Pallavicini. Eine Zeit lang besaß Udo Proksch die Institution, seit 2002 ist die Hofzuckerbäckerei Teil des Nobelcaterers DO & CO.

Seitdem wacht Dietmar Muthenthaler über die Demel'sche Backtradition und die klassischen Rezepte von Dobos-, Fächer- und Annatorte – und der „Demel's Sachertorte". Diese ist neben der „Original Sacher-Torte" des Hotels Sacher eines der kulinarischen Wahrzeichen der Stadt. Während dieses sein Tortenrezept wie ein Staatsgeheimnis hütet, geht der Demel ganz offen damit um. „Geheim ist unser Sacher-Torten-Rezept gar nicht: Die Torte besteht im Wesentlichen aus einer Sandmasse, die zu gleichen Teilen aus Mehl, Zucker, Schokolade und Eiern besteht", so Muthenthaler. „Wir verraten bloß nicht, welche Schokolade wir verwenden."

In Demels Schaubäckerei kann man allmorgendlich zusehen, wie bis zu 300 Eduard-Sacher-Torten glaciert werden, wie die Annatorte mit Pariser Creme gefüllt und mit feinem Nougat umhüllt wird. Von Hand und mit viel **33** Geduld werden täglich vierzig Sorten Teegebäck gebacken. Natürlich wird auch der Teig für die Strudel von Hand gezogen, wie es sich gehört: bis er so dünn ist, dass man durch ihn Zeitung lesen könnte.

07

Kunstvolle Auslage und süßes Museum

Eine Besonderheit des Demel ist aber auch die Nähe zur Kunst. Das Zucker-bäckerhandwerk ist hier Kunsthandwerk im wahrsten Sinne des Wortes: Bereits unter Anna Demel hatte es eine Zusammenarbeit mit der Wiener Werkstätte gegeben, die die Verpackungen gestaltete. Der Künstler und spätere Besitzer Berzeviczy-Pallavicini führte diese Tradition fort und eta-blierte die künstlerische **Schaufenstergestaltung,** für die der Demel heute berühmt ist. Zuckerfiguren wie die „Gräfin Krach geborene Mandel" oder ein übergroßes Fabergé-Ei werden kreiert, die den Originalen in Sachen Kunstfertigkeit zur Ehre gereichen. Immerhin achtmal pro Jahr werden die Auslagen neu dekoriert, Muthenthaler erarbeitet dafür mit seinem Team neue zuckersüße Figuren.

Dabei lässt er sich auch vom vielfältigen Fundus im **hauseigenen Museum** inspirieren. Dieses lädt zu einer süßen Zeitreise ein: Handgemachte Bonbons aus dem 19. Jahrhundert, Originalentwürfe längst verspeister Torten und Zuckerbüsten von Tennisstars wie Roger Federer sind zu bewundern. Dabei erfährt der Besucher einiges über die Kulturgeschichte der süßen Verfüh-rungen: etwa, dass der Wiener Gesellschaft einst Mandelmilch, Gefrorenes und Sorbets serviert wurden, dass sich Kaiserin Sisi ihr geliebtes Veilchen-eis durch unterirdische Gänge in das ehemalige Burgtheater in der Hofburg bringen ließ oder dass der einstige Demel-Chef sich so vor der jährlichen vorweihnachtlichen Audienz bei Kaiser Franz Joseph fürchtete – der Kaiser wählte die Süßigkeiten für den Christbaum selbst aus –, dass er den Tag davor und danach im Bett verbringen musste. Dabei war der Demel bei Hofe bereits etabliert: Schließlich belieferte er den Hofball und Tanzfeste mit Buffets und den berühmten, zu Pyramiden geschlichteten Hofzuckerln.

Der Demel verwöhnt seine Gäste bis heute mit traditionellen und neuen Torten und eigenen kulinarischen Kreationen am kalten Buffet. Friedrich Torberg setzte dem Demel in seiner berühmten *Tante Jolesch* ein literari-sches Denkmal: „Die Zuckerbäckerei, die nur noch vom kalten Buffet über-troffen wird, als auch das kalte Buffet, das nur noch von der Zuckerbäckerei übertroffen wird" – der Demel sei „mehr als eine Institution", nämlich eine Legende – mit angeschlossenem Museum.

 Info

K. u. K. Hofzuckerbäcker Demel: Kohlmarkt 14, 1010 Wien
Täglich 9–19 Uhr. www.demel.at
Demelmuseum: Freitag 10–12 Uhr. Preis: 4 €

IM BAUCH DES BURGTHEATERS

Innere Stadt | Burgtheater

Mit dem Burgtheaterführer Werner Rauch kommt man im Burgtheater hoch hinaus und tief hinunter. Er kennt jeden Winkel
des Theaters und weiß nicht nur, wo man im Haus den besten
Cappuccino trinkt und die Schauspieler hautnah erleben kann,
sondern führt auch auf den Schnürboden und in den Keller.

„Im Parlament hört man nichts, im Rathaus sieht man nichts und im Burgtheater hört und sieht man nichts." So urteilten die Wiener über die drei
neuen Gebäude an der Ringstraße.
Die beiden mit dem Bau beauftragten Architekten Gottfried Semper und
Carl Freiherr von Hasenauer hatten sich zerstritten, Semper hatte Wien
verlassen und Hasenauer vollendete das **Burgtheater** nach seinen eigenen Vorstellungen – mit problematischen Folgen: Die Kuppel, die er in den
Zuschauerraum bauen ließ, „verschluckte" die Worte der Schauspieler,
die großteils weiß gestrichenen Logen ließen die Damen der Gesellschaft
kränklich aussehen, was den Logen im Volksmund bald den Namen „Bade-
kasterl" einbrachte. Einige waren außerdem so gebaut, dass man von ihnen
aus nicht auf die Bühne sah. Erst Umbauarbeiten behoben die Probleme.
Der Vorläufer des Burgtheaters hatte sich im Michaelertrakt der Hofburg be-
funden. Dort wurde ursprünglich im Ballhaus „Jeu de Paume", eine Art Tennis,
gespielt, bis Maria Theresia 1741 die Erlaubnis gab, dort das Hoftheater zu
eröffnen. Um den Adel ins Theater zu locken, erlaubte die Regierung bald
Glücksspiele während der Aufführung. Maria Theresias Sohn Joseph II. griff in
seinem Reformeifer stark in die Aufführungspraxis des Theaters ein: Um die
Untertanen nicht zu deprimieren, wurden etablierte Stücke wie Shakespeares
Romeo und Julia und *Hamlet* mit dem sogenannten „Wiener Schluss" ver-
sehen – die Protagonisten durften nicht sterben.
Werner Rauch ist einer der sechs Führer durch das Burgtheater. Abseits der
Haupträume wie Vestibül, Bühne und Zuschauerraum gibt es die Möglichkeit,
„hinter die Kulissen" des Theaters zu schauen. In kleinen Gruppen klettern die
Besucher auf den **Schnürboden** 28 Meter über der Bühne, von wo aus wäh-
rend der Vorstellungen die Kulissen gewechselt werden, und drehen Runden
auf der ältesten **Drehzylinderbühne** der Welt. Man besucht die **Werkstätten**

08

im Keller und durchstreift die **Lüftungskanäle** des Theaters, steigt die **Fest-stiegen** hinauf und kann den Bühnenarbeitern vom Zuschauerraum aus beim Arbeiten zusehen. Das Burgtheater, das zu den berühmtesten Theaterhäusern der Welt gehört, bietet Theater- und Kunstinteressierten allerhand Bemerkenswertes. So lässt sich zum Beispiel die Feststiege beschreiten, die früher dem Kaiser vorbehalten war. An der Decke der Kaiserstiege ist ein Gemälde des berühmten Jugendstilmalers Gustav Klimt zu entdecken – hier noch im Stil der Historienmalerei ausgeführt. Dieses enthält übrigens auch das einzige Selbstporträt Klimts.

Man erfährt auch einiges an zeitgenössischem Klatsch, etwa dass der Kaiser bei seinen Besuchen einen Spiegel vor sich hertragen ließ, damit er seine Geliebte Katharina Schratt betrachten konnte, dass eine mazedonische Freiheitskämpferin in den Rängen einen Mann ermordete und dass es honorige Schauspieler gab, die sich nach durchzechten Nächten nicht mehr erinnerten, welches Stück sie gerade spielten.

In der **Kantine** des Burgtheaters bewirtet Herr Heinz neben Bühnenarbeitern, Schauspielern und Regisseuren auch Besucher, die so einigen Einblick in den Theateralltag bekommen. An der Wand hängt ein Fernsehapparat und überträgt die Aktivitäten auf der Bühne, die zweimal täglich umgebaut wird. Über einen Lautsprecher rufen die Inspizienten die Schauspieler auf die Bühne. Tagsüber ist die Kantine auch für Besucher geöffnet, abends ist sie den Mitarbeitern des Theaters vorbehalten.

Keller als Sammelsurium

Nicht ganz so prominent, aber umso interessanter ist der **Kellerbereich des Burgtheaters**: Abseits von Bühne und Zuschauerraum bildet er so etwas wie das Herz des Theaters. Jede Ausbuchtung der verwinkelten Gänge des Kellers wird zur Lagerung von Requisiten genutzt, überall gibt es Stühle, Koffer, Musikständer und ausgebleichte Kostüme. In einer Vitrine hängt die Uniform Franz Ferdinands aus Karl Kraus' *Die letzten Tage der Menschheit,* daneben stehen ein Sarg, ein Moped. Auf jedem Gegenstand klebt ein Zettel, damit die Bühnenarbeiter wissen, zu welchem Stück er gehört. Werden die Requisiten nicht mehr gebraucht, werden sie am Burgtheaterflohmarkt, der in unregelmäßigen Abständen stattfindet, verkauft.

38 Mitten im Keller findet sich der Sockel der Drehzylinderbühne. Diese wurde im Zuge des Wiederaufbaus des Burgtheaters 1954 eingebaut und wiegt 350 Tonnen. Mit ihrer Hilfe können Bühnendekorationen innerhalb von vierzig Sekunden geräuschlos gewechselt werden.

Rosenduft und Lüftung

Im Keller residiert auch Herr Martin, der „Wächter der Theaterluft". Mithilfe des „wichtigsten Radls" des Theaters, dem Steuerrad für die Belüftungskanäle, regelt er vom Keller aus Temperatur und Luftzufuhr. Die Zugvorrichtung, die mit dem Drehrad verbunden ist, scheint einem Jules-Verne-Roman zu entstammen und läuft kreuz und quer durch den labyrinthischen Keller bis zu einem Lüftungstor unter dem Volksgarten, wo die Luft für den Zuschauerraum angesaugt wird. Kaiser Franz Joseph hatte gar die Idee gehabt, mit der Luft gleich auch noch Rosenduft aus den Rosenbeeten des Volksgartens anzusaugen. Funktioniert hat die Idee, das Burgtheater auf diese Weise zu parfümieren, freilich nie. Ihren eigentlichen Zweck erfüllt die ebenso simple wie geniale Konstruktion aber immer noch tadellos, auch wenn es auf den Stehplätzen in den schwindelerregenden Höhen der Galerie schon einmal bis zu vierzig Grad heiß werden kann.

Workshops

Für jene, die gerne einmal am Burgtheater spielen möchten, werden Theaterworkshops angeboten. Im kuppelförmigen Dach, in 43 Metern Höhe, verbirgt sich ein Theaterraum: der **Lusterboden.** Hier unterrichten Theaterpädagogen junge Nachwuchsschauspieler und zeigen diesen, wie sie mit vollem Körpereinsatz den richtigen Ton treffen oder scheinbar langweilige Alltagssituationen in unterhaltsame Stücke verwandeln.

Als besonderen Service für Blinde und Sehbeeinträchtigte bietet die Burg mit dem Projekt „Theater4All" einmal im Monat Vorstellungen mit Live-Audiodeskriptionen an, wo Sprecher die Bilder des gesamten Stückes beschreiben. Außerdem werden alle Aufführungen für Besucher mit Hörgeräten mittels Induktion akustisch verstärkt, damit wirklich jeder in den Genuss einer der besten Bühnen der Welt kommt.

Info

Burgtheater: Universitätsring 2, 1010 Wien. Führungen beginnen beim Haupteingang in der Kassenhalle. Dauer: ca. 50 Minuten. Keine Anmeldung erforderlich, Spezialführungen (Schnürboden, Keller) müssen separat gebucht werden. Preise: Erwachsene 6,50 €, Senioren 5,50 €, Kinder/Schüler/Studenten 3 €. www.burgtheater.at

DEMOKRATIE UND NACKTE GÖTTER

Innere Stadt | Parlament

Bürger sind nicht immer glücklich mit den Entscheidungen, die im Parlament getroffen werden. Trotzdem lohnt sich ein Besuch. Denn sonst würde man nicht erfahren, was es mit dem Kaiser im Nachthemd auf sich hat und wie man Politiker zum Gespräch treffen kann.

Es wäre nicht Wien, wenn der Bau des Parlaments nicht von spöttischen Bemerkungen, Debatten und Skandalen begleitet worden wäre. Einigen Abgeordneten war das neue Parlament mit 1600 Zimmern zu groß, die geplante „Austria" am Brunnen vor dem Haus führte zu hitzigen Debatten und einige mokierten sich über die nackten Statuen.

Ende des 19. Jahrhunderts war die **Ringstraße** eine große Baustelle. Das Volks- und Burgtheater, die Oper, das Rathaus, die Universität, das Natur- und das Kunsthistorische Museum wurden errichtet und auch das Parlament: geplant im klassizistischen Stil vom dänischen Architekten Theophil Hansen. Selbstverständlich begleitete den Bau die übliche Wiener Geräuschkulisse.

Vor dem Parlament sollte eigentlich eine personifizierte „Austria" stehen. Dies führte zu heftigen Debatten im Vielvölkerstaat. Vertreter der Volksgruppen kritisierten, die Allegorie würde nur den deutschsprachigen Teil des Reichs repräsentieren, also entschied man sich doch für die neutralere Variante, die griechische Göttin **Pallas Athene.** Dass die Göttin der Weisheit dem Parlament letztlich den Rücken zukehrte, sei freilich schon damals Anlass für Spott gewesen, so erzählt es zumindest der Parlamentsguide.

Die **Führungen im Parlament** sind aber nicht nur vergnüglich, sondern für Staatsbürger auch lehrreich – man erfährt einiges über die Herausforderungen des Parlamentarismus, die Möglichkeiten zur Bürgerbeteiligung und die wechselvolle Geschichte des Hauses. Wäre es nach **Kaiser Franz Joseph** gegangen, hätte dieses nie erbaut werden sollen. Parlament und Verfassung gewährte der Kaiser dem Vielvölkerstaat nur gnadenhalber – zeitlebens behielt er sich die Letztentscheidung über die verabschiedeten Gesetze vor. Deshalb ist er auf dem Giebel des Parlaments auch als römischer Imperator

40

zu sehen. Die Wiener allerdings, Meister des subversiven Wortwitzes, nannten den Imperator in Toga nur den „Kaiser im Nachthemd".

Führungen zu verschiedenen Themen

Eine reguläre, öffentliche Führung klärt über den eigentlichen Zweck des Parlaments, die Konsensfindung und die Verabschiedung von Gesetzen, auf. Hier lernt der Besucher alles über National- und Bundesrat und erfährt, wie Gesetze zustande kommen. Außerdem gibt es amüsante Geschichten über Schreiduelle und Tintenfass-Schlachten zur Zeit des Vielvölkerstaates. Den Besuch in den Sitzungssälen kann man nutzen, um sich selbst ans Rednerpult zu stellen oder sich kurz auf den Platz seines „Lieblingspolitikers" zu setzen.

Die **Architekturführung** zeigt die Welt des Architekten Hansen sowie die Geschichte der Ringstraße und verrät manches über die griechische Mythologie. Auf der Rampe vor dem Parlament sind etwa klassische Geschichtsschreiber verewigt, die Attika ist geprägt von sechzig Marmorstatuen berühmter Männer aus dem Altertum und im Inneren des Hauses erstaunt den Besucher ein Tempel mit 24 Säulen. Man erfährt aber auch einiges über die Bautätigkeit – wo Hansen sein Büro hatte, warum die Fassade des Parlaments nicht wie geplant bunt bemalt wurde – und kann über den damaligen Reichstagspräsidenten schmunzeln: Die von Hansen entworfenen Götterstatuen sollten den klassischen Vorbildern entsprechend nackt sein, mussten aber 1886 auf Wunsch des Reichstagspräsidenten mit Weinlaub „bedeckt" werden. Erst 1906 wurden sie wieder „ausgezogen".

In der Ornamentik des Parlaments spielten Frauen als Allegorien von Anfang an eine wichtige Rolle: Ihre Figuren versinnbildlichen Tugenden wie Weisheit und Wahrheit oder die Kronländer des Vielvölkerstaates. Real mitzureden haben Frauen im Parlament aber erst seit 1919 – und der Weg, bis eine Frau Nationalratspräsidentin wurde, war lang und steinig. Die Geschichte der Frauen in Parlament und Parlamentarismus zeichnet die **Führung „Frauen im Parlament"** nach.

Kunstinteressierten werden bei den **Spezialführungen** schließlich die sonst versperrten Türen zum Pressezentrum und den Ausschusslokalen geöffnet. Hier tagen normalerweise Nationalratsmitglieder, beraten am grünen Tisch über Gesetzesentwürfe, diskutieren mit Experten und arbeiten Begutachtungsrückmeldungen in die Gesetze ein. Doch jedes Jahr hängen Kuratoren auch moderne Kunst in den historischen Räumen auf. An Samstagen führen sie angemeldete Besucher durch die spannenden Ausstellungen in sonst öffentlich nicht zugänglichen Räumen und Gängen.

Plenarsitzungen

Zu Zeiten, an denen Nationalrat oder Bundesrat tagen, kann man hingegen den verbalen Schlagabtausch zwischen den Rednern, die oft schwierige Konsensfindung und die Abstimmungen über Gesetze hautnah miterleben. Weil die Abläufe für Laien oftmals kompliziert und unverständlich sind, stehen den Besuchern zwei Parlamentsmitarbeiter zur Verfügung, die die Vorgänge erklären – inklusive Anekdoten über die Redner.

Wer einen Politiker persönlich treffen will, kann sich einen Termin geben lassen. Vor jeder Nationalratssitzung empfangen die Volksvertreter Bürger im **Abgeordneten-Sprechzimmer.** Während des Gesprächs empfiehlt sich ein verstohlener Blick an die Wände. Hansen musste sparen und hat deshalb die Räume anstatt mit echtem Marmor in der aufwendigen, heute kaum noch verwendeten marmorimitierenden Stucco-lustro-Technik ausmalen lassen.

Im Keller

Im kühlen Keller des Parlaments lädt das frei zugängliche **Besucherzentrum** zu einer interaktiven Entdeckungsreise durch das Haus ein. Auf einer großen Multimediawand werden Parlamentssitzungen übertragen und Kurzfilme gezeigt, die über den Gesetzgebungsprozess und die Geschichte Österreichs seit der Revolution 1848 informieren. An vier Stationen erfährt der Bürger auch, welche Rolle er selbst in den demokratischen Prozessen einnehmen kann.

Jene, die es ganz genau wissen wollen, finden schließlich in der frei zugänglichen Parlamentsbibliothek zusätzliche Unterlagen. In einem gemütlichen Lesesaal liegen nicht nur alle aktuellen Zeitungen auf, sondern auch sämtliche parlamentarischen Materialien seit 1848.

Info

Parlament: Dr.-Karl-Renner-Ring 3, 1017 Wien. www.parlament.gv.at
Gerne stellt das Team vom Besucherservice individuelle Führungen zu Spezialthemen zusammen. Anmeldung zu Spezialführungen an Samstagen via E-Mail.
Anfragen: besucherservice@parlament.at; Benützung der Bibliothek: bibliothek@parlament.gv.at, www.parlament.gv.at/bibliothek

43

HINTER DEN KULISSEN

10

Innere Stadt | Naturhistorisches Museum

....

Rund 30 Millionen Objekte beherbergt das Naturhistorische Museum Wien. Nur ein Teil davon ist ausgestellt. Und nur an einigen wenigen Tagen öffnen sich die Türen zum Dach, in die Präparationswerkstatt sowie in den Tiefspeicher und ermöglichen Ausblicke über die Stadt sowie Einblicke in das Gedächtnis des Museums.

Die Wiener staunten nicht schlecht, als Skelette von Elefanten und Giraffen über die Ringstraße gebracht und mit Flaschenzügen ins fast fertig gebaute Naturhistorische Museum gehoben wurden. Die vielen Sammlungen zahlreicher Mitglieder der Kaiserfamilie mussten von den diversen Aufbewahrungsorten herangeschafft werden. Bereits die Sammlung von Franz I. Stephan (1708–1765) umfasste Mitte des 18. Jahrhunderts rund 30 000 Objekte. Als die damals größte Naturaliensammlung von Italien nach Wien gebracht wurde, verpflichtete er den ehemaligen Besitzer Johann Ritter von Baillou als Direktor des neu gegründeten **Hof-Naturalien-Cabinets,** welches das Herzstück des späteren Naturhistorischen Museums Wien werden sollte.

Weitere Stücke kamen durch Expeditionen dazu: Nikolaus Joseph von Jacquin bereiste im Auftrag von Franz I. Stephan von 1754 bis 1759 Westindien und brachte Pflanzen für die kaiserlichen Gärten mit. Außerdem sandte er über sechzig Kisten voller Mineralien und Metalle, darunter auch das erste Platin, sowie lebende Tiere und Pflanzen wie Ananas, Kaktus und Zuckerrohr nach Wien. Als Kaiser Franz I. (1768–1835) seine Tochter Maria Leopoldine mit dem portugiesischen Kronprinzen Dom Pedro verheiratete, schickte er auch zwei Expeditionsschiffe mit nach Brasilien. Wissenschafter, Landschaftsmaler und Tierpräparatoren sollten nicht nur das Land erforschen, sondern auch Tiere und Pflanzen sammeln. Der Tierpräparator Johann Natterer blieb achtzehn Jahre lang in Südamerika und sandte bis 1835 unzählige bis **44** dahin in der Monarchie unbekannte Tier- und Pflanzenarten nach Wien. Er packte sogar seinen erbrochenen und danach konservierten Eingeweidewurm mit in die Kisten ein. Zu den Objekten kamen in den folgenden Jahrzehnten noch Einzeller, eine „Mördermuschel", Dinosaurierskelette, Haie, Mammutknochen, Säbelzahntiger und zahllose Mineralien dazu.

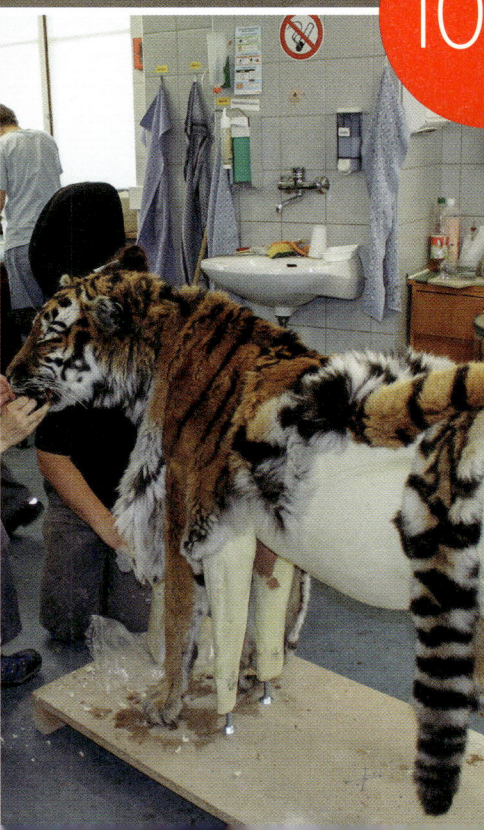

Heute umfasst die **Sammlung im Naturhistorischen Museum** rund 30 Millionen Objekte. Auf 8700 Quadratmetern in 39 Schausälen auf zwei Stockwerken wird die Entstehung des Universums bis in die heutige Zeit in oft überraschender Weise präsentiert. Im Mikrotheater sind etwa Wasserflöhe und Insektenlarven die Leinwandstars. Ihr Filmset ist der Objektivtisch eines Mikroskops. Mittels angeschlossener Videokameras wird ihr Leben auf eine Großleinwand projiziert. Als Erzähler fungieren Biologen, die das oft etwas seltsam anmutende Verhalten der Ministars erklären. Nach der Show können sich die Theaterbesucher selbst am Mikroskop versuchen.

Von der Welt der winzigen Tiere bis zum Ende der Galaxie sind es im Haus nur wenige Schritte. Im Digitalen Planetarium reisen Zuschauer von Wien bis zum Mond, beobachten Planeten, fliegen in der virtuellen Reise weiter zu entfernten Nebeln und Exoplaneten, statten Venus und Mars einen kurzen Besuch ab, bis sie wieder nach Wien zurückkehren. Souvenirs kann man von der Reise zwar nicht mitnehmen, dafür bietet das Museum die größte Meteoritenschausammlung der Welt.

Hinter den Kulissen

Nur ein kleiner Teil der vielfältigen Sammlungen kann ausgestellt werden. Der Großteil lagert bis zu vier Stockwerke tief unter dem Museum oder direkt unter dem Dach, also an Orten, zu denen Besucher normalerweise keinen Zutritt haben. Außer sie schließen sich einer der **zahlreichen „Hinter den Kulissen"-Führungen** an, wie jener des Präparators Franz Topka. Eingangs erzählt er von der Geschichte der Präparation, dem Faible des Adels für ausgestopfte Tiere und den mutmaßlichen Heilkräften einiger Tiere. Man erfährt, dass Speckkäfer verwendet werden, um die Tierskelette von Fleischresten zu reinigen. Einen Saal weiter zeigt er den Besuchern stolz einen über 100 Millionen Jahre alten Vogel. Nach fünf Monaten mühevoller Kleinarbeit und Hunderten verbrauchten Skalpellen hat er das Skelett, aber auch den Abdruck der langen Schwanzfedern und der Flügel freigelegt. Diesen Schatz des Museums hat er in der Werkstätte bearbeitet.

Auf einem Tisch in der **Werkstätte** selbst liegen Knochen eines Wollhaarnashorns zur Restaurierung bereit, auf einem langen Brett warten Abgüsse von Mammutknochen auf ihre Reise zu anderen Museen. In Behältern lagern Tausende Fossilien. Doch bei der Führung nimmt Topka sich Zeit, auch die von Besuchern mitgebrachten Muscheln und scheinbar gewöhnliche Steine zu begutachten. Er zerschneidet und poliert einen von ihnen und legt die im Inneren versteckten fossilen Korallen und Würmer frei. Sehr zur Freude des Besuchers.

46

10

Das Gedächtnis der „Kathedrale der Wissenschaft" liegt unter der Erde, im **Tiefspeicher**. Topka öffnet mit einem Handrad die Archivschränke, unter leichtem Raunzen gleiten die Regale auseinander. In Tausenden Schubladen warten Walkiefer, Schädel und präparierte Tiere darauf, untersucht und ausgestellt zu werden. Der Einblick in diese archivierte Welt versetzt Besucher in Staunen. Jede der **Forschungsabteilungen** im Haus hat ihren eigenen Lagerraum, sie alle sind bei den verschiedenen „Hinter den Kulissen"-Führungen zu besichtigen. Wissenschafter der jeweiligen Abteilungen geben Einblicke in ihre Arbeit. Im DNA-Labor mit seiner Sammlung von 16 000 Einzelproben erfährt man zum Beispiel, wie Rasterelektronenmikroskope funktionieren. Im Archiv für Wissenschaftsgeschichte zeigen die Hüter des Wissens ihre Schätze, wie zum Beispiel jahrhundertealte Kräuterbücher, die berühmten Tierbücher von Conrad Gesner und die Zeichnungen des Landschaftsmalers Josef Selleny von der Weltumsegelung der Fregatte Novara zwischen 1857 und 1859. Anthropologen führen Besucher durch den „Schädelgang", in dem rund 3000 Schädel lagern, und erklären anhand einer Auswahl der rund 40 000 Skelettteile die Entwicklung vom Homo erectus zum Homo sapiens.

Auf dem Dach der „Kathedrale des Wissens"
Am „Schädelgang" vorbei führt auch der Weg zum **Dach des Museums.** Durch ein Fenster steigt man hinaus und wird mit einer atemberaubenden Aussicht auf Wien belohnt: Es ist dies wahrscheinlich der beste Ort, um die unterschiedlichen Baustile der Gebäude an der Ringstraße zu betrachten, etwa die Universität im Stil der italienischen Hochrenaissance, das neugotische Rathaus oder das Parlament im neoklassizistischen Stil.
Ganz andere Ein- und Ausblicke in das und von dem Naturhistorischen Museum Wien garantieren die **Übernachtungen bei den Dinosauriern.** An ausgewählten Terminen kann man mit einem Glas Sekt in der Hand vom Dach über das nächtliche Lichtermeer Wiens schauen, sich nach einer Liveshow im Digitalen Planetarium, einer Taschenlampentour durch die Schausammlung und einem Galadinner in der Kuppelhalle in ein Feldbett zu Füßen von *Diplodocus, Allosaurus* und *Iguanodon* legen und von kommenden Abenteuern träumen.

48

Info

Naturhistorisches Museum: Maria-Theresien-Platz, 1010 Wien
Informationen zu Führungen und Veranstaltungen werden auf der
Webseite laufend aktualisiert: www.nhm-wien.ac.at

AUF DER JAGD NACH DEM KURATOR

Innere Stadt | Kunsthistorisches Museum

Mehr als 30 000 Objekte aus 5000 Jahren Kulturgeschichte sind im Kunsthistorischen Museum (KHM) ausgestellt. Es ist vollkommen unmöglich, sie alle anzuschauen. Wiederholte Besuche lohnen sich deshalb nicht nur für Kunstfreunde, sondern auch für Singles, Hobbydetektive und Literaturliebhaber.

Noch heute wird über den Ursprung des Streits zwischen den berühmten Architekten Gottfried Semper und Carl von Hasenauer diskutiert: Der arrivierte Semper soll dem jüngeren Hasenauer vorgeworfen haben, mit seinem Ehrgeiz zu übertreiben. Hasenauer hingegen behauptete, Semper habe in der Baukommission gegen ihn Stimmung gemacht. Letztlich ging es um die Urheberschaft der mehrmals revidierten Baupläne. Die beiden Architekten hatten für die angeschlagene Monarchie zusammen ein architektonisches „Herz" – das Kaiserforum – geplant: Das Ensemble sollte außerhalb des Rings zwei spiegelbildlich angeordnete Museen beinhalten, innerhalb des Rings sollte eine neue Hofburg entstehen, ebenfalls mit einem Zwillingsgebäude vis-à-vis. Übrig geblieben sind von den Plänen das Kunsthistorische und das Naturhistorische Museum. Die Eröffnung der beiden Museen erlebte Semper jedoch nicht mehr.

Mit dem Fernrohr Klimt schauen

Hasenauer, Meister neubarocker Monumentalbauten, hatte den „Ringstraßenmaler" Hans Makart mit der Gestaltung des **Stiegenhauses** beauftragt. Der Superstar des damaligen Kunstbetriebes verstarb aber 1884 mit nur 44 Jahren, er hatte bis dahin gerade einmal die zwölf Lünettenbilder über den Türen und Fenstern fertiggestellt.

Mit den Worten „Euch Buben werd ich mir einspannen!" soll Hasenauer die *Maler-Compagnie* – den jungen **Gustav Klimt**, seinen Bruder Ernst und Franz Matsch – 1890 beauftragt haben, die freien Zwickelflächen zu gestalten. Keine leichte Aufgabe: Die Zeit war knapp, man baute schon seit achtzehn Jahren an dem Gebäude und die Eröffnung rückte näher. In nur fünf Monaten sollten sie vierzig Flächen gestalten. Die drei Künstler losten untereinander aus, wer welche Wand mit Arbeiten in verschiedenen

49

11

Stilen – von der Antike über die italienische und deutsche Renaissance bis hin zum Barock und Rokoko – zu bemalen hat. Besonders die Arbeiten von Gustav Klimt, damals 28, sind von Interesse, weil sie den Übergang zwischen Historismus und Jugendstil repräsentieren.

Doch die Meisterwerke sind leicht zu übersehen, zwischen Makarts Lünettengemälden und den Deckengemälden des Ungarn Mihály von Munkácsy verschwinden sie fast. Deshalb wurde im ersten Stock des Museums ein Fernrohr installiert, mit dem Besucher die Details der Arbeiten betrachten können. Und selbstverständlich eignet sich das **Fernrohr** auch bestens, um das Deckengemälde von Mihály von Munkácsy anzuschauen und Makarts Darstellungen der berühmten Maler Michelangelo, Rubens und Rembrandt zu erkunden.

„Museum der Träume"

Neben den regulären Führungen bietet das Kunsthistorische Museum auch spezielle Themenführungen mit Audioguide oder Hörtastbuch an.

Im **„Museum der Träume"** gehen Literatur und Malerei eine besondere Symbiose ein: Ein Audioguide begleitet Besucher durch die Gemäldegalerie und eröffnet neben der kunsthistorischen Sicht auf 25 ausgewählte Gemälde auch einen literarischen Zugang: 25 österreichische und internationale Autoren wie Elfriede Jelinek, Peter Handke, Josef Winkler und Juli Zeh versuchen sich an Diego Velázquez' *Infantinnen,* Jacob van Ruisdaels *Der große Wald,* Andrea del Sartos *Beweinung Christi* und Alonso Sánchez Coellos *Infant Don Carlos.* Die Texte werden von zwanzig Schauspielerinnen und Schauspielern wie Nicole Heesters, Maria Bill und Erni Mangold interpretiert. Bei den freien Assoziationen zuzuhören, ist ein interessantes und auch befreiendes Erlebnis: Die Angst vor der Hochkultur mit ihren akademischen Interpretationen wird dem Besucher so genommen, berühmte Autoren kommen mitunter zu ähnlichen Schlüssen wie man selbst.

Hörtastbuch

Das KHM hat sich außerdem zur Aufgabe gemacht, auch **sehbeeinträchtigten und blinden Menschen** Kunst zu vermitteln. Einerseits ermöglichen zwei Tastreliefs die haptische Erfassung der Bildkomposition zweier berühmter Gemälde direkt vor dem Original in der Galerie. Andererseits können mit dem speziellen Museumsbuch *Gemeinsam anders sehen* vier **51** weitere Hauptwerke der Gemäldegalerie, unter ihnen Arcimboldos *Der Sommer* und Diego Velázquez' *Infantin Margarita in rosafarbenem Kleid,* dank einer Kombination aus Großschrift, Braille, taktilen Folien und Audiodateien mit allen Sinnen erfasst werden.

Für Eilige und Singles

Für Eilige gibt es in der Mittagspause kurze **Übersichtsführungen**, für jene, die gerne mehr über die Arbeit und Forschungsprojekte der Kustoden und Restauratoren erfahren wollen, bietet das Haus Vorträge und Rundgänge zu Spezialthemen an. Alternativ lassen sich Führungen zu individuellen Themen buchen: etwa zu Festen, Wasser, Medizin, Geld, Justiz, Opfern und Tätern oder Liebe.

Apropos Liebe: Seit fünf Jahren lädt das KHM in Zusammenarbeit mit der Partnerbörse Parship regelmäßig zu kostenlosen Singleführungen – auch für Nichtmitglieder – ein. Eine Kunsthistorikerin und eine Psychologin führen in einer unterhaltsamen und spannenden Doppelconférence Singles zu Themen wie „Starke Gefühle" durch die Gemäldegalerie – Liebe, Romantik, Eifersucht, Trennung und Betrug sind ja seit jeher beliebte Themen der bildenden Künste. Für die Annäherung der Teilnehmer gibt es keine inszenierten Gespräche, aber nach der Führung soll sich schon der eine oder andere Single bei einem Glaserl Sekt ein Nachfolgedate ausgemacht haben.

Schnitzeljagd im KHM

Spannend wird es auch bei der **Schnitzeljagd:** Der Auftrag für mindestens zehn Teilnehmer ist es, herauszufinden, ob tatsächlich eines der 30 000 Sammlungsobjekte im Haus gestohlen worden ist. Oder plant ein ehemaliger Kurator erst seinen Coup? Ein kniffliger Fall, den die Schnitzeljäger im KHM lösen können. Die Fährte führt durch alle Sammlungen, von Ägypten über die Kunstkammer bis hin in die Gemäldegalerie, und durch 5000 Jahre Kunstgeschichte. Nur durch genaue Betrachtung von Objekten, kombinatorische Fähigkeiten und koordiniertes Vorgehen können die Teams den Fall lösen.

52

Info

Kunsthistorisches Museum: Maria-Theresien-Platz, 1010 Wien
Anmeldungen und weitere Infos: www.khm.at

DAS UNTERIRDISCHE WIEN

Innere Stadt

12

Wien sieht unter Tage aus wie ein Schweizer Käse. Ein paar wenige der tief liegenden Keller, Geheimgänge, Brunnen und Labyrinthe sind für Besucher zugänglich.

Tief unter dem **Melker Hof** im 1. Bezirk kann man ihn angreifen: den meterdicken **Wall,** gegen den die Truppen des Osmanischen Reiches während der Ersten Wiener Türkenbelagerung im Jahr 1529 erfolglos angestürmt sind. Im **Keller des Trachtengeschäfts Tostmann** ist noch ein gut erhaltenes Fundament der Stadtmauer zu besichtigen. Hier in der Schottengasse gleich neben der Mölker Bastei hat die Geschäftsfrau Gexi Tostmann vor rund dreißig Jahren aus Neugierde mit einem Hammer die Wände unter den Verkaufsräumen ihres Ladens abgeklopft. Tatsächlich entdeckte sie einen zugemauerten Gang. Nach und nach ließ sie tiefer graben und fand immer neue Hohlräume, die sie zugänglich machen und zum Teil restaurieren ließ. Der Keller kann nun im Rahmen eines gebuchten Stadtspaziergangs besichtigt werden. Das Interesse ist offenbar groß, denn an diesem Samstagnachmittag ist die Tour ausgebucht. Mehr als zwanzig Personen folgen Fremdenführerin Gabriele Lukacs in das unterirdische Labyrinth.

Einst wurde die erste Kellerebene als Pferdestall vom darüberliegenden Kloster genutzt, eine alte Pferdetränke ist noch erhalten. „Pferde waren damals wertvoller als Knechte. Ihre Unterkünfte befanden sich ein Stockwerk unter den Tieren", erzählt Lukacs. Im Zweiten Weltkrieg seien die unterirdischen Gänge als Luftschutzkeller benutzt worden. Hochgiftige selbstleuchtende Farbmarkierungen wiesen während der Luftangriffe den Weg nach unten zu den Sammelplätzen. „Diese Farben leuchten heute noch im Dunkeln." Die Autorin und Fremdenführerin hat all die Rätsel und Geheimnisse, die sie bisher zusammengetragen hat, in ihren mittlerweile zehn Büchern veröffentlicht. Einen Teil ihrer Erkenntnisse über **53** die mystischen Seiten der Hauptstadt trägt sie bei geführten Touren vor. Eine davon beginnt eben bei der Mölker Bastei im 1. Bezirk und führt ins unterirdische Wien.

Süßes, Amouröses und ein Römertor

Vieles, das die Unterweltexpertin in Wien entdeckt hat, darf von Unbefugten nicht betreten werden. Zum Beispiel der Verbindungsgang unter dem Demel, der von der Hofzuckerbäckerei als **Lieferantenzugang zur Hofburg und zum Burgtheater** benutzt wurde. Auch Kaiserin Sisi ließ sich ihre Lieblingsnaschereien auf unterirdischen Wegen liefern. Der geheime Gang wurde überdies aus politischen oder amourösen Gründen genutzt, unter anderem von Kaiser Franz I. Stephan (1708–1765), dem Gemahl von Maria Theresia. „Der Gang war so breit, dass sogar Kutschen fahren konnten", erzählt Lukacs schmunzelnd. „Mätressen gingen nicht so gerne zu Fuß."

Im Haus unter der **Kramergasse 11/Ertlgasse 4** konnte im Jahr 2010 im Rahmen einer Renovierung ein römisches Lagertor lokalisiert werden. Hier besitzt die Unternehmerfamilie Haas ein Delikatessengeschäft, das sich auf vier Stockwerken spiralförmig unter der Erde erstreckt. Neben den baulichen Resten der Römerzeit fand man hier auch einen mittelalterlichen Brunnen, der leider der U-Bahn weichen musste. Noch gut erhalten ist aber eine „Josephinische Säule", die im ersten Untergeschoß zu besichtigen ist. Zu Beginn des 18. Jahrhunderts wurden die unterirdischen Gewölbe entlang der Rotenturmstraße, die damals einen etwas anderen Verlauf als heute hatte, auf Anordnung von Joseph I. (1678–1711) aus Sicherheitsgründen verstärkt. Grund dafür war die erste „Pummerin", die aus den von den Türken zurückgelassenen Kanonen gegossen wurde. „Die Glocke wog über 20 000 Kilo und passte ob ihres Durchmessers von etwa 3,2 Metern nur durch das Rotenturmtor. Darum musste man die Keller an der Transportstrecke zum Stephansdom mit Säulen verstärken", erzählt Lukacs.

Der Keller der liederlichen Nonnen
Die dritte unterirdische Station führt in das **ehemalige Laurenzerkloster am Laurenzerberg/Ecke Fleischmarkt** in einen der ältesten mittelalterlichen Klosterkeller Wiens. Auch dieses mehrere tausend Quadratmeter große vierstöckige Gewölbe befindet sich im Privatbesitz.
Ab dem 13. Jahrhundert lebten Nonnen in dem Kloster, von dem man angeblich unterirdisch bis zum Stephansdom gehen konnte. Gesichert ist, dass die frommen Frauen in Geheimgängen bis zum Dominikanerkloster gelangen konnten. Im 16. Jahrhundert warf man den Bräuten Christi vor, sich mit „liederlichen Studenten" vergnügt und „ungewasserten Wein" getrunken zu haben. 1783 wurde das Kloster schließlich aufgelöst und Jahre später zu großen Teilen abgerissen. 1875 zog die k. u. k. Postverwaltung ein und installierte ein Rohrpostamt. Im Zweiten Weltkrieg wurde das Gebäude von Bomben stark beschädigt, der Keller selbst diente als Luftschutzbunker. Heute pflegen Weinliebhaber in Teilen des Gewölbes die Liebe zu edlen Tropfen. Seit rund siebzehn Jahren ist es das Refugium der Mitglieder des exklusiven Weinclubs „Der Keller".
Manche unterirdische Räumlichkeiten, die Frau Lukacs vor ein paar Jahren im Zuge ihrer Buchrecherchen noch betreten konnte, existieren heute nicht mehr. „In Wien verlieren wir laufend historische Keller. Der Denkmalschutz hört oben auf", sagt sie voller Bedauern.

Info

Die **Besichtigung der Keller** ist nur in Begleitung von Fremdenführerin Gabriele Lukacs möglich.
Buchung von Führungen: www.wienfuehrung.com
Die Homepage von Gabriele Lukacs:
www.mysterytours.at

55

SCHNITZEL MIT WIENBLICK

13

Innere Stadt | Minoritenstüberl, Kantine der Erzdiözese
Wien, Meinl am Graben, Justizpalast

Das Mittagsmenü ist in Wien eine heilige Einrichtung. Kaum
ein Lokal, dass es nicht in verschiedensten Variationen auf der
Speisekarte hat. Doch einige bieten neben dem Nährwert noch
einen Mehrwert.

Minoritenstüberl – mittags mit Beamten und Ministern
Vor fast vierzig Jahren hat der heute als Fernsehkoch und Kochbuchautor
bekannte Andreas Wojta seine ersten Liptauersemmeln im Minoritenstüberl bestrichen. Seine Mutter betrieb das Kellerlokal im Ministerium für
Unterricht, Kunst und Kultur und nahm Andi öfters mit zur Arbeit.
Er hatte sich bald mit dem „Gastgewerbe-Virus" infiziert und lernte von seiner Mutter nicht nur das Kochen, sondern auch den berühmten „Küchen-
schmäh". Nach Abschluss der Gastgewerbeschule arbeitete er unter
Küchenchef Reinhard Gerer im legendären Vier-Hauben-Lokal des „Korso"
im Hotel Bristol. Im Münchner Drei-Sterne-Restaurant „Aubergine" beende-
te er unter Eckart Witzigmann seine kulinarischen Wanderjahre. Wieder in
Wien übernahm er das „Minoritenstüberl" von seiner Mutter.
Obwohl er pro Woche mindestens eine Fernsehshow mit seinem Kochpart-
ner Alexander Fankhauser produziert und beinahe jährlich ein neues Kochbuch
schreibt, steht er fast jeden Tag selbst in der Küche seines Lokals, um seine
Gäste, von Ministern und Beamten über Fans seiner Kochshow bis hin zum
„Karottenballett" (MA 48), kulinarisch zu verwöhnen. Mit seinen täglich wechselnden bis zu 16 Gerichten wie eingebrannte Kartoffeln mit Augsburger, Beu-
schel und Kalbsbutterschnitzerl begeistert er genauso wie mit veganen, lakto-
se- und glutenfreien Interpretationen der Wiener und internationalen Küche.

Meinl am Graben – Mittagessen mit 2000 Weinen
Von den einst Tausenden Meinl-Filialen ist in Österreich nur eine übrig geblieben, jene am Graben. Dafür ist der „Meinl am Graben" eine Wunder-
welt der kulinarischen Vielfalt, die sich auch in den vier Restaurants wider-
spiegelt. Gleich neben dem Café am Eingang gibt es einen Marktstand mit
Snacks, Mittagsmenü und Desserts für alle, die es eilig haben. Im ersten

Meinl am Graben

13

Stock hingegen verwöhnt ein Sushikoch Liebhaber japanischer Küche und im Restaurant kann man – zugegeben nicht ganz billig, dafür aber mit bester Aussicht über den Graben – stilvoll frühstücken oder den Gaumen mittags mit einem Drei-Gänge-Menü verwöhnen. All jenen, die sich etwas kostengünstiger sättigen möchten, sei jedoch die Weinbar empfohlen. In den Tiefen des Kellers zeugen Tausende leere Weinflaschen an den Wänden von vergangenen Genüssen und weisen hungrigen und durstigen Menschen den Weg. Unter den bis zu dreißig offenen Weinen findet sich sicher die richtige Begleitung zum überraschend günstigen Mittagsmenü (rund 10 Euro für das Zwei-Gänge-Menü, samt einem Glas vom Haus ausgewählten Weins). Falls sich der richtige Wein nicht findet, kann man gegen einen kleinen Aufschlag aus rund 2000 verschiedenen Weinen und zwanzig Champagnersorten wählen. Die fachkundigen Mitarbeiter beraten gerne und fachsimpeln auch mit den Gästen. Für alle, die außerhalb der offiziellen Geschäftszeiten eine gute Flasche Wein brauchen, bietet die Weinbar ihr Sortiment bis Mitternacht zu Handelspreisen an.

Erzdiözese Wien – himmlisches Mittagessen

Gleich neben dem Stephansdom führt ein Durchgang zur Stiege 1, mit dem Lift gelangt man in den sechsten Stock und vorbei an einer Terrasse zu der Erzdiözese Wien. Hier wird wochentags österreichische Küche zu günstigen Preisen angeboten. Da keine Barzahlung möglich ist, lösen Hungrige bei einem Automaten eine Gästekarte.

Es lohnt sich nicht nur wegen des guten Essens, in die neu gestaltete Dachgeschoß-Kantine zu fahren, sondern auch wegen der großartigen Aussicht über Wien, von der Dachlandschaft des Stephansdoms über versteckte Innenhöfe bis hin zum Riesenrad. Im lichtdurchfluteten Lokal kann man auch wunderbar seinen Tag mit Kaffeetrinken verbringen – und sogar das WC bietet eine grandiose Aussicht über die Stadt.

Justizpalast – Mittagessen mit Staatsanwälten

Ein ganz so geheimer Geheimtipp ist die Kantine am Dach des Justizpalastes nicht mehr. In der Schlange vor dem Buffet stehen inzwischen fast genauso viele Besucher an wie Mitarbeiter des Hauses: vom Oberstaatsanwalt über Mitarbeiter des Obersten Gerichtshofes bis hin zum Generalanwalt. Neben mehreren Menüs täglich bietet die Kantine einen grandiosen Ausblick auf den davor liegenden Grete-Rehor-Park, auf die Figurenkonstellation am Dach des Parlaments, die Türme des Rathauses, die Kuppel des Naturhistorischen Museums und den Flakturm in der Stiftskaserne.

Allerdings muss man vor dem kulinarisch begleiteten Wienblick einen Sicherheitscheck über sich ergehen lassen: Am Eingang des Gebäudes durchsucht ein Wachmann Rucksäcke und Handtaschen nach Feilen, Deos und anderen potenziellen Gefahren für die österreichische Justiz. Etwaige „gefährliche" Gegenstände müssen abgegeben werden.

Auf dem Weg zur Kantine sollte man einen Umweg durch die mit einer Glaskuppel überdachte Zentralhalle mit ihrer Justitia-Statue machen. An der Wand erinnert eine Gedenktafel an den Brand des Justizpalastes 1927. In den Zwickeln sind noch die Wappen der Kron- und Erbländer der Monarchie zu sehen.

Info

Minoritenstüberl: Minoritenplatz 5, 1010 Wien, Montag bis Freitag (außer Feiertage) 11:30–13:30 Uhr. Keine Reservierungen
Ministerium für Unterricht, Kunst und Kultur: Minoritenplatz 5, 1010 Wien. http://andiwojta.at/
Meinl am Graben: Graben 19, 1010 Wien. Weinbar: Eingang durch das Geschäft oder Naglergasse. Montag bis Freitag 11:30 bis 14:30 Uhr (außer Feiertage). www.meinlamgraben.at
Erzdiözese Wien: Stephansplatz 6, 1010 Wien. Montag bis Donnerstag 8:30–17 Uhr, Freitag 8:30–15 Uhr. Mittagsmenü 11:45–13:30 Uhr.
Justizcafé: Schmerlingplatz 10, 1010 Wien. Montag bis Freitag 7–16:30 Uhr. www.justizcafe.at

RAD-FLANIEREREI

14

Innere Stadt, angrenzende Bezirke

Ein Mann in Tweedhosen auf einem Hochrad, ein Paar in historischen Kostümen auf einem Tandem aus den 1930er-Jahren und Frauen in schicken Kleidern mit liebevoll restaurierten Fahrrädern treffen sich in der Hofburg zum Tweed Ride. Vor 140 Jahren wäre das undenkbar gewesen.

Das Aufsteigen auf das 150 Zentimeter hohe Hochrad muss geübt sein. Sebastian setzt einen Fuß auf ein kleines Trittraster, schwingt sich hoch, greift nach dem Lenker und landet sanft am Sitz. Sofort tritt er in die Pedale, die direkt am Vorderrad angebracht sind. „Wenn man einmal drauf ist, geht es schon", sagt er. „Man kann sich nicht in die Kurve legen, Bremsen funktioniert nur durch das Gegentreten der Pedale." Er wankt kurz. Dann fährt er los, mit den anderen Tweed Riders durch die Hofburg.

Das wäre vor rund 140 Jahren undenkbar gewesen, denn die damalige Stadtregierung hatte das Hochradfahren verboten – zu gefährlich! Zu viele hochrangige Herren hatten sich schwer verletzt. Einige erboste Fußgänger warfen den Hochradfahrern sogar Steine und Holzstäbe zwischen die Speichen. Die Wiener Stadtverwaltung erließ 1885 eine Verordnung, die das Radfahren nebeneinander oder in Gruppen verbot. Zwischen den Radlern waren zwanzig Meter Abstand einzuhalten. Erst eine Beschwerde des „Deutschen Radfahrerverbunds in Wien" (1887) brachte Erleichterungen.

Tweed Ride

Die Idee des Tweed Ride entstand vor sechs Jahren in England. Im klassischen britischen Outfit fährt man auf **Vintage-Rädern.** Einer der Wiener Organisatoren, Lukas, war auf einem Tweed Run in London und dachte sich, „so was braucht Wien auch". Gemeinsam mit David, Fahrrad-Aficionados und der Radlobby veranstalteten sie vor zwei Jahren den ersten Tweed Ride. 120 Leute kamen. Seither radeln sie dreimal pro Jahr in stylischen Tweed-Jacken, Knickerbockern und schönen Kleidern größtenteils auf Vintage-Rädern durch die Innenstadt.

Die rund hundert Tweed Rider halten sich selbstverständlich an die heutige Straßenverkehrsordnung. Werden sie von Autofahrern angehupt, klingeln

60

14

sie freundlich. Brüllt sie ein Wiener Spaziergänger an, grüßen sie herzlich durch ein kurzes Antippen des Kapperls zurück. Britische Coolness eben. Die meisten Passanten sind aber begeistert.

David gefällt es, mit vordergründig nicht passender Kleidung auf Fahrrädern zu fahren. „Eigentlich ist es ein Paradoxon. Genauer betrachtet ist aber Tweed der Vorläufer von Goretex-Stoffen. Tweed ist eine Jagd- und Sportbekleidung, eine Tweedjacke ist nachhaltiger als eine Goretex-Jacke. Es ist auch eine Frage des Stils: Will man kanarienbunt durch die Gegend laufen oder doch etwas nachhaltiger und ‚slower' unterwegs sein?"

Einige Teilnehmer schneidern sich ihr eigenes Outfit, andere tragen geerbte Anzüge oder finden die passende Kleidung in Secondhandshops. Fahrradraritäten wie Klapptandemräder kaufen sie auf Flohmärkten, oft renovieren sie diese selbst. Selbstverständlich kann man aber auch mit modernen Fahrrädern mitfahren.

Versorgt werden die Radler mit Swingmusik vom „Soundbike", mit Kaffee von einem solarbetriebenen „Caférad" und mit vegetarischem Essen von Wiens erstem Fahrrad-Lieferdienst für Mittagsmenüs, „Rita bringt's".

Info

Tweed Ride Vienna: Die Route ändert sich bei jeder Ausfahrt, die Teilnahme ist kostenlos. Infos und Termine: www.tweedride.at

14 RAD-FLANIEREREI

DIE LETZTEN RUNDEN DER PATERNOSTER

Innere Stadt, Leopoldstadt, Landstraße, Mariahilf, Alsergrund

Fahren Sie Paternoster, solange es noch geht! Die nostalgischen Aufzüge werden in ein paar Jahren aus dem Stadtbild verschwunden sein.

Acht Paternoster gibt es noch in Österreich. Einen davon in Klagenfurt, den Rest in Wien. Das ist der Stand vom Frühling 2015. In den nächsten fünf bis zehn Jahren wird einer nach dem anderen seinen Dienst für immer quittieren. Zumindest, wenn TÜV-AUSTRIA-Prüfer Thomas Maldet recht behält. „Manche Verschleißteile kosten zwischen 150 000 und 200 000 Euro. Bevor ein Betreiber noch etwas austauschen lässt, schließt er den Paternoster", erklärt der Aufzugtechniker. „Wer noch einmal damit fahren möchte, sollte das bald tun", fügt er hinzu.

Bis zum Anfang der 1990er-Jahre war das Bauen von Paternostern noch erlaubt, in der Praxis hat es aber niemand mehr gemacht. Für die Umlaufaufzüge, wie sie auch genannt werden, gibt es keine gültigen technischen Normen mehr. Nach und nach werden sie durch Standardaufzüge ersetzt, da Sicherheit wichtiger ist als Denkmalschutz.

Unfälle und die Angst vor dem Kopfstand

Einen Paternoster holt man nicht, man muss ihn erwischen. Immer wieder würde es dabei zu Unfällen kommen, weiß Maldet. „Vor ein paar Jahren ist ein Maler mit einer Leiter eingestiegen. Die Leiter war aber zu lang für den Fahrkorb. Sie hat sich verkeilt und den Holzfahrkorb zerstört." Der Aufzug musste repariert werden, dem ungeschickten Maler passierte aber nichts. „Manche wollen auch samt Kinderwagen einsteigen, das ist extrem gefährlich", sagt der Sicherheitstechniker. Er selbst hätte schon zwei Paternoster „auf dem Gewissen": „Die wurden aufgrund meines Prüfberichts geschlossen."

Aber nicht alle Ängste seien berechtigt: „Ich hab schon Leute getroffen, **63** die geglaubt haben, sie werden auf dem Kopf stehen, wenn sie nicht rechtzeitig aussteigen." Das ist natürlich Unsinn. Ein Paternoster gleitet an den Wendepunkten über Räder in den anderen Schacht, ohne dabei umgedreht zu werden.

Betriebszeiten
Mo-Fr 6.30 Uhr-16.00 Uhr

NOT - HALT
EMERGENCY STOP
Missbrauch wird bestraft!

Nothalt

15

Paternoster im Rathaus

Zwischen 19. und 21. Jahrhundert

Der älteste Paternoster in Wien dreht nach wie vor seine Runden im **Haus der Industrie** am Schwarzenbergplatz. Er wurde 1911 von Kaiser Franz Joseph eröffnet und ist einer der letzten beiden Umlauflifte in Wien, die noch im Originalzustand erhalten sind. Der andere rattert seit 1918 im **Wiener Rathaus,** und zwar wochentags von 6:30 bis 16 Uhr.

„Der Sicherheitstechniker in mir sagt: Weg mit dem Zeug!" Der Nostalgiker in Maldet schwärmt hingegen: „Der Paternoster ist ein Stück Stadtgeschichte. Es ist einfach toll, was den Leuten im 19. Jahrhundert eingefallen ist. Das System ist genial, die Förderleistung unschlagbar." Ein Paternoster hat keine Stehzeiten und kann viel mehr Personen gleichzeitig befördern als ein Standardaufzug. Wenn der letzte Paternoster abgetragen worden ist, sollte zumindest einer im Technischen Museum ausgestellt werden, findet Maldet. „Im 21. Jahrhundert wird man so etwas nie wieder bauen."

Funktionstüchtige Paternoster in Wien:
Rathaus: 1010 Wien, bei Stiege 6 nahe dem Nordeingang Felderstraße
Ringturm: Schottenring 30, 1010 Wien
Bundesministerium für Land- und Forstwirtschaft: Stubenring 12, 1010 Wien
Wiener Städtische Versicherung: Obere Donaustraße 49–53, 1020 Wien
Haus der Industrie: Schwarzenbergplatz 4, 1030 Wien
Versicherungsanstalt für Eisenbahnen und Bergbau: Linke Wienzeile 48–52, 1060 Wien
Wiener Netze GmbH: Mariannengasse 4–6, 1090 Wien

65

GARTENKÜNSTLER

Innere Stadt, Leopoldstadt, Landstraße, Hietzing |
Volksgarten, Burggarten, Augarten, Belvederegarten,
Schlosspark Schönbrunn

Eigentlich ist es ja streng verboten, Pflanzen in öffentlichen historischen Gärten zu beschneiden oder gar auszureißen – außer man ist einer der freiwilligen Helfer in den Bundesgärten.

Die ehemalige ORF-Journalistin Eva Klimek und die Direktorin der Österreichischen Bundesgärten, Brigitte Mang, verbindet eine Leidenschaft: historische Gärten und deren Erhaltung. Immerhin 290 Hektar mit über 170 000 Pflanzenarten umfassen die **Österreichischen Bundesgärten,** vom **Volksgarten** über den **Burggarten** und **Augarten** bis hin zum **Belvederegarten** und dem **Schönbrunner Schlosspark.** Da fällt viel Arbeit an: Unkraut muss gejätet werden, Blumen gehören gesetzt, Rasenkanten müssen erneuert und Rosen zurückgeschnitten werden. Einerseits muss die Direktorin aus budgetären Gründen mit immer weniger Personal auskommen, andererseits gibt es aber unzählige Menschen mit unbändiger Gartenlust, denen meist das passende Stückchen Erde fehlt. Gemeinsam beschlossen Eva Klimek und Brigitte Mang deshalb, den bereits 1998 für denkmalschützerische Aufgaben gegründeten **Verein Schatzhaus Österreich** für dieses Projekt einzusetzen. Seit Mai 2015 können Gartenliebhaber mehrmals wöchentlich unter fachkundiger Anleitung bei der Bewahrung der Bundesgärten mithelfen.

Die Hobbygärtner erhalten dabei Einblick in die hohe Kunst der Bepflanzung von über dreihundert Jahre alten Barockgärten, werden über verborgene Geheimnisse in den Parkanlagen informiert und schließen darüber hinaus neue Freundschaften. Die Gruppe ist international und generationenübergreifend zusammengesetzt. Die Ehefrau eines Diplomaten aus Sibirien gärtnert gemeinsam mit einer jungen Frau aus Gambia, ein Student **66** arbeitet an der Seite einer Pensionistin. Und jede Woche kommen neue Mitglieder dazu.

Die Motivation mitzumachen ist dabei ganz unterschiedlich: Manche suchen ein neues Hobby an der frischen Luft, andere wollen Ausgleich zu ihrem Job, einige wollen dazu beitragen, dass ihre Stamm-Laufstrecke weiter-

16

Rosen im Volksgarten

hin durch gepflegte Parkanlagen führt, und schließlich verbindet mancher zivilgesellschaftliches Engagement schlicht mit Vergnügen. Mitmachen kann jeder, Vorkenntnisse sind nicht notwendig. In jedem Garten erwarten die Freiwilligen andere Herausforderungen, jeder Park ist ein Kunstwerk aus lebender Materie und braucht individuelle gärtnerische Pflege.

Alpengarten
Hinter dem Barockschloss **Belvedere** liegt der **Alpengarten** verborgen. Auf 2500 Quadratmetern wachsen rund 4000 Pflanzen. Ursprünglich war der Alpengarten in Schönbrunn, 1865 wurde er in den ehemaligen Küchen-garten Prinz Eugens verlegt. Während des Ersten und Zweiten Weltkrieges litt der Garten, der Pflanzenbestand sank auf 500 Sorten und nach 1945 weideten zwischen den Felsengruppen Pferde und Kühe. Doch seit 1949 wird der Garten wieder gepflegt und gehegt.
Heute ist der größte Feind der Pflanzen das Unkraut. Zwischen schwarz-violetter Akelei, Glockenblume, Hungerblümchen und dem Nordischen Drachenkopf zwängen sich ungewünschte Potentillae, Farne und Wicken durch. Der Kampf gegen das Unkraut hört nie auf, daher freuen sich die Gärtner über die Freiwilligen, die ihnen jede Woche bei der Pflege dieses grünen Kunst- und Kulturerbes zur Seite stehen. Im Herbst werden auch die geernteten Samen für das Projekt des Internationalen Samenaustausches verpackt und etikettiert.

Volksgarten
An zwei Vormittagen gibt es für Gartenliebhaber die Möglichkeit, das be-rühmte **Rosarium des Volksgartens** zu bearbeiten: Mit den Bundesgärtnern können Rosen beschnitten, Unkraut gezupft und so die Geometrie des Gar-tens erhalten werden. Arbeit gibt es genug. Immerhin rund 3300 Rosen-stöcke wollen gepflegt sein, zu tun gibt es viel von Frühjahr bis Herbst: Stöcke werden ausgepackt, vorgezogene Pflanzen gesetzt und von Unkraut freige-halten. Vor dem Winter werden die Pflanzen mit Jutesäcken verpackt.
Bei der Tätigkeit lernen die Unkrautjäger nicht nur viel über Gartenpflege, sondern hören auch Geschichten wie die der „Renner-Rose": Als 1999 das Geburtshaus des früheren Bundespräsidenten Karl Renner in Mähren ab-gerissen wurde, sollte auch ein alter Rosenstrauch entfernt werden. Der damalige Bundesgärten-Direktor machte sich sofort auf den Weg nach Un-tertannowitz, um die damals schon achtzig Jahre alte Rose zu retten. Heute blüht die Renner-Rose beim Eingang des Volksgartens, direkt gegenüber der Präsidentschaftskanzlei.

68

Bundesgärten-Backstage

Für jene, die die Gärten lieber anschauen, anstatt mitzuarbeiten, bieten die Bundesgärten zahlreiche Führungen an, etwa im **Belvederegarten.** Hinter hohen Hecken ist hier der Kammergarten zu finden, der von Prinz Eugen ursprünglich als sein intimer Privatgarten errichtet wurde. Mehrmals jährlich kann man im Rahmen einer Führung mit der Direktorin der Österreichischen Bundesgärten zwischen den Blumenensembles und den Bosketten lustwandeln und erfährt dabei die kleinen Geheimnisse eines Gartenkunstwerkes.

Auch im **Augarten,** einem der Lieblingsgärten der Wiener, bieten Gärtnermeister spezielle Führungen an. Im Schatten der Flaktürme zwängen sich Besucher durch verborgene Heckengänge und erfahren, was es mit Jagdachsen und dem ehemaligen Giftbunker (wo sich heute das Lokal „Die Bunkerei" befindet) auf sich hat. Man lernt die wechselvolle Geschichte des Augartens kennen und entdeckt im scheinbar Altbekannten Neues, Elemente außergewöhnlicher Gartengestaltung, die einem Laien normalerweise wohl verborgen bleiben.

Info

Verein Schatzhaus Österreich: Mitglied kann jeder werden, der über 18 Jahre alt ist, eine Sozialversicherung hat und bereit ist, mindestens ein halbes Jahr lang zwölf Stunden monatlich mitzuarbeiten. Mitgliedsbeitrag (inkl. Versicherungsschutz: 20 €/Jahr).
Ebenso freut sich der Verein über fördernde Mitglieder.
www.schatzhaus-oesterreich.at
Informationen zu den jederzeit individuell buchbaren Führungen (ab 10 Personen): www.bundesgaerten.at

69

FREIER EINTRITT FÜR KLINGONEN

17

Innere Stadt, Leopoldstadt, Ottakring | Planetarium,
Kuffner-Sternwarte, Urania

Werner Gruber ist Direktor von zwei Sternwarten und dem
Planetarium in Wien. Der bekannte Experimentalphysiker und
Kulinarikexperte zeigt nicht nur, wo man Kometen hinterher-
jagen kann, bei ihm erfährt man auch, was Spaghettifizierung
ist, wieso sich die von ihm betreuten Häuser auch zur Familiengründung eignen und warum sich Klingonen Geld sparen.

Werner Gruber ist Experimentalphysiker, Universitätslektor, Mitglied der
schärfsten Science-Boygroup des Universums und Direktor von drei Astro-
nomie-Institutionen: der Kuffner- und der Urania-Sternwarte sowie des Wiener Planetariums. Das scheint noch nicht ganz durchgedrungen zu sein,
denn er erhält immer wieder Anfragen wie: „Ist es möglich, das Planetarium
in der Kuffner-Sternwarte bei der Urania zu besuchen?" Dabei könnten die
drei Standorte nicht unterschiedlicher sein: Kann man doch in der Kuffner-
Sternwarte eine Zeitreise ins späte 19. Jahrhundert machen, im modernsten
Planetarium Zentraleuropas Sternenprojektionen sehen und in der Urania-
Sternwarte durch das Doppelfernrohr Sonnenexplosionen beobachten.
Die historische **Kuffner-Sternwarte** in Ottakring wurde 1886 zu privaten
Forschungszwecken vom Brauereibesitzer Moritz von Kuffner errichtet.
Von ihm beschäftigte Astronomen bestimmten 8468 Sternpositionen und
16 der 160 damals bekannten „Sternparallaxen" (Abstand zwischen Sonne
und einem astronomischen Objekt). Bequem hatten es die Forscher nicht:
Die gesamte Sternwarte wurde per Hand betrieben, mit Seilzügen wurde
die Kuppel geöffnet, mit einiger Kraftanstrengung der mächtige hölzerne
Beobachtungsstuhl in die richtige Position geschoben und das Fernrohr eingerichtet. Um 1890 entwickelte ein Forscher ein neuartiges System zum
Fotografieren von Sternen. Bis in die Gegenwart sind die Fotoplatten neben
den vielen Originalinstrumenten einer der größten Schätze der Sternwarte.
Heute scheint es, als wäre hier die Zeit stehen geblieben oder man wäre in
einem interaktiven Jules-Verne-Roman gelandet, wenn man mit dem Origi-
nal-Refraktor in den Himmel schaut, um den nach dem Sternwartegründer
benannten Kleinplaneten Kuffner zu suchen, Kometen hinterherzujagen,

70

Kuffner-Sternwarte

Kuffner-Sternwarte

Urania

17

Sternschnuppen zu beobachten oder sich nach dem Sternwetter zu erkundigen. Tagsüber kann man Wien aus der Nähe betrachten – die Stadt steht allerdings konstruktionsbedingt auf dem Kopf. Im benachbarten Gebäude steht einer der weltweit größten Heliometer. Man könnte noch heute damit Winkelabstände am Himmel messen. Doch in den Räumlichkeiten feiern nun eher als Astronauten und Aliens verkleidete Kinder Geburtstagspartys oder Erwachsene laden Freunde zu exklusiven Führungen mit anschließendem Abendessen ein.

Urania-Sternwarte

Anfangs ließen sich die Erbauer der Sternwarte Zeit, doch plötzlich hatten sie es eilig und nahmen die Sternwarte drei Wochen vor der offiziellen Eröffnung in Betrieb, weil die Astronomen unbedingt den Halleyschen Kometen aus dem 27 Meter hohen, zwölfseitigen Raum, der „Laterne", beobachten wollten. Im dazugehörigen Volksbildungshaus wurden von Anfang an populärwissenschaftliche Vorträge gehalten, eine Tradition, die bis heute weitergeführt wird.

Von dem zwölfseitigen Raum in der Kuppel der **Urania-Sternwarte** sieht man vom Stephansdom bis zum Riesenrad und mit dem Doppelfernrohr in die Tiefen des Alls. In spannenden Vorträgen wird unter anderem die Mythologie der Sternbilder erzählt: So erinnert das Sternbild des Orion an eine tragische Liebesgeschichte, das Sternbild Andromeda an eine glückliche und das Sternbild des Herkules erzählt die Geschichte des mythischen griechischen Helden. Bei den „Himmelsblicken" erfährt man, ab wann die Sonne der Erde gefährlich werden kann, was Gasexplosionen bewirken und was es mit den Sonnenflecken auf sich hat.

Am „Tag der HandtuchträgerInnen" (25. Mai) ist der Eintritt zu allen Shows zu Ehren von Douglas Adams, dem Autor von *Per Anhalter durch die Galaxis,* übrigens gratis. Klingonen hingegen brauchen niemals Geld für einen Besuch in den Sternwarten oder im Planetarium: Sie dürfen immer gratis zu den Sternenshows.

Planetarium

Das **Planetarium im Prater** ist nicht nur das größte seiner Art in Zentraleuropa, hat nicht nur die größte Sternenkuppel Österreichs, sondern auch einen der weltweit modernsten Sternenprojektoren. Dieser erlaubt, unabhängig von Tageszeit und Witterung, den Sternenhimmel zu observieren – und auch zu simulieren, wie die Sternbilder vor tausend Jahren ausgesehen haben. In speziellen Shows kann man herausfinden, ob man mondsüchtig

72

ist, ob am Mond schon Golf gespielt oder dort schon jemand begraben wurde. Mehrmals im Jahr macht der Wiener Kabarettist Gunkl – der allseits bekannte „Experte für eh alles" – mit den Besuchern einen **kabarettistischen Himmelsspaziergang.** Er erklärt, warum Sternderl schauen in Wien schwierig ist, wie man Sternbilder ohne Anleitung wiederfindet und erörtert detailverliebt die physikalischen Fehler in Science-Fiction-Filmen. Der Physiker Werner Gruber hingegen erzählt die Geschichte des Universums seit dem Urknall und gibt einen Grundkurs in „kulinarischer Astronomie", wo zu den Sternbildern Rezepte geliefert werden: Wie macht man perfektes Gulasch aus Stierfleisch? Was hat es mit der Spaghettifizierung auf sich?

Und wissbegierige Kinder können im **Science Kids Club** im Planetarium lernen, wie man flugfähige Raketen konstruiert, einen Meteoriten unter die Lupe nimmt oder ein Fernrohr baut.

Interstellare Heiratsvermittlung

Geht es nach Werner Gruber, so bieten die drei Häuser im Übrigen die idealen Voraussetzungen zur Familiengründung: sich bei einer der Spezialführungen in der Kuffner-Sternwarte in einen Teilnehmer verlieben, bei einem Dinner unter Sternen in der Urania den Heiratsantrag machen und sich standesamtlich unter dem projizierten Sternenhimmel im Planetarium trauen lassen.

Info

Urania-Sternwarte: Uraniastraße 1, Eingang Turmstiege, 1010 Wien
Kuffner-Sternwarte: Johann-Staud-Straße 10, 1160 Wien
Zeiss Planetarium Wien: Oswald-Thomas-Platz 1, 1020 Wien
Infos und Termine zu allen drei Standorten: www.planetarium-wien.at

URBAN STREET GAMING

Innere Stadt, Leopoldstadt, Mariahilf, Neubau

Wenn Herr Finnland zu Stadterkundungen einlädt, geht es meist um verschollene Personen, geheimnisvolle Artefakte und mysteriöse Orte. Denn er veranstaltet Schnitzeljagden der besonderen Art.

Philip Nesterval ist tot – ermordet. Sein Vermächtnis: ein Brief mit einem Hinweis auf ein doch noch von Mozart vollendetes Requiem. Doch jeder, der dieses Requiem in der Hand hält, erleidet das gleiche Schicksal wie Philip: einen grausamen Tod. Ist die Totenmesse verflucht? Nun ist ein weiteres Menschenleben in Gefahr. Den Bedrohten zu retten, den Mörder Nestervals zu finden und den Fluch zu brechen, ist die Aufgabe der Schnitzeljäger.

Zwei Stunden lang verfolgen **Stadtdetektivteams** Hinweise, lösen Rätsel und durchsuchen bekannte sowie seltsame Orte in Wien nach Hinweisen – ganz ohne die Hilfe von Suchmaschinen, nur mit Nick Knatterton'scher Kombinationsgabe. Und auch wenn sie den Fluch nicht abwenden können, wird die Stadt nach dem Abenteuer nicht mehr die gleiche sein.

Abenteuer Schnitzeljagd

Man lernt, die Stadt mit neuen Augen zu sehen. Die Sinne werden geschärft, man beginnt, genauer hinzusehen, die **Stadt zeigt neue Facetten.** Habe ich etwas Offensichtliches übersehen? Orte, an denen man schon unzählige Male vorbeigegangen ist, werden Teil der eigenen Geschichte. Denn wer kann schon sagen, dass er in diesem Haus oder in jenem Kellerlokal einen Mörder überführt hat?

Der Veranstalter mit dem Künstlernamen Herr Finnland, 2010 selbst auf eine Schnitzeljagd eingeladen, war von deren konventionellem Ablauf schnell gelangweilt. Kurzerhand konzipierte er selbst ein Stadtabenteuer und verpflichtete sämtliche Freunde, daran teilzunehmen. Schon beim zweiten Mal waren
74 alle dem „**Urban Gaming**" verfallen. Seither verwandelt er mit seinen Mitstreitern Wien zehnmal im Jahr in eine Bühne, einen Spielplatz, einen Tatort.

Knapp zwei Monate dauert es, bis er mit seinen Kollegen Frau Löfberg und Herrn Walanka ein Stadträtsel konzipiert hat. Als Vorlage dient Finnlands eigener Roman, der seit zehn Jahren halb fertig in der Schublade liegt.

„Die Ermittlungsergebnisse der Teilnehmer bei den Schnitzeljagden sind viel besser, als ich sie mir je ausdenken könnte", sagt Herr Finnland. „Das Publikum freut sich mehr über eine spannende Schnitzeljagd als über ein schlecht geschriebenes Buch." Und er hat recht damit.

Zu den schon bestehenden Themen kommen jedes Jahr drei neu konzipierte Stadtabenteuer dazu: Es wird nicht nur nach Mördern gefahndet, sondern im Zirkusmilieu nach verschollenen Clowns gesucht oder in dunklen Kellern gegen geheimnisvolle Frauen ermittelt. Allerdings sollte man keine Angst vor Spinnen, Bauchrednern und Krankenpflegern haben: Die Charaktere tauchen als geheimnisvolle Hinweisgeber in einsamen Ecken auf und haben so manchen Spielteilnehmer schon gehörig erschreckt. Das gehört aber mit zum Vergnügen.

Schon der Ausgangspunkt der Schnitzeljagd ist ein Rätsel. Zweckdienliche Hinweise werden im Vorfeld auf Facebook veröffentlicht. Oft sind dies Orte, die man als Wiener kennt, aber zumindest aus dieser Perspektive so noch nie gesehen hat. Ist der Treffpunkt gefunden und das Eröffnungsrätsel gelöst, erfährt man von Schauspielern die Ausgangslage. Die Schnitzeljäger werden in Teams organisiert, erhalten ihren ersten Hinweis und versuchen, gemeinsam eine Lösung zu finden.

Um die Schnitzeljagd zu gewinnen, zählen nicht nur die richtige Analyse der Ermittlungsergebnisse, sondern auch die Zeit, bis man zur Lösung kommt, und die Anzahl der in Anspruch genommenen Hinweise.

Schnitzeljäger sollten neben Kombinationsgabe auch ein Ticket für die öffentlichen Verkehrsmittel haben. Denn der Weg zu den geheimen Orten darf **nur zu Fuß oder mit den Öffis** zurückgelegt werden. Seinen Abschluss findet jedes Abenteuer in einer gemütlichen Bar oder einem Offspace, wo sich die Teilnehmer bei einem Bier recht lebhaft über das Abenteuer und die erlebten Geschichten austauschen und die Jagd Revue passieren lassen.

Info

Nesterval – Ein Abenteuer in der Stadt: Nur mit gültigem Ticket kann an einer der öffentlichen Jagden teilgenommen werden. Der Vorverkauf startet in der Regel zwei Wochen vorab und wird über Facebook bekannt gegeben. Tickets sind im Kunsthalle Wien Shop erhältlich. Kunsthalle Wien Shop, Museumsquartier, Museumsplatz 1, 1070 Wien. Preis: 18 €. Für größere Gruppen und Unternehmen werden auch maßgeschneiderte Schnitzeljagden angeboten. www.nesterval.at

76

DER DRITTE MANN

Innere Stadt, Wieden | Burgkino, Café Mozart,
Dritte Mann Museum

19

Der dritte Mann hat das Bild von Wien geprägt wie *The Sound of Music* das Bild von Österreich – zumindest wenn man sich im Ausland umhört. Der Film mit Orson Welles und seine ikonische Zithermelodie von Anton Karas haben sich in das kulturelle Gedächtnis eingegraben.

Trotzdem waren die Wiener über den Film zunächst empört. Es sei eine Schande, eine Frechheit, Wien als eine Stadt voller Halunken und Vagabunden darzustellen. Am 10. März 1950 wurde der Schwarz-Weiß-Film im Apollo-Kino erstmals gezeigt: die Geschichte von Harry Lime, der im Nachkriegswien Schwarzhandel mit Penicillin treibt, durch das Kanalsystem immer wieder in den sowjetischen Stadtteil entkommt und auch nicht davor zurückschreckt, seine Freundin an die Sowjets zu verraten. Ganz aus der Luft gegriffen waren die Inhalte des Films freilich nicht. Der US-amerikanische Autor Graham Greene hatte 1948 einige Wochen in Wien verbracht, das Kanalsystem, die viergeteilte Stadt und den florierenden Schwarzmarkt im Resselpark und am Naschmarkt kennengelernt. Doch die *Arbeiter-Zeitung* fand lobende Worte für den Film: „So muss ein Film aussehen, der Erfolg hat." In Wien blieb der Film trotz internationalen Erfolgs, trotz Goldener Palme und Oscar ein Flop. Erst in den 1990er-Jahren erhielt er auch hierzulande die ihm zustehende Würdigung – nachdem Stadtführer von amerikanischen und britischen Touristen immer wieder auf den Film angesprochen worden waren. Heute führt Brigitte Timmermann Filmfreunde zu den Originaldrehorten, im Burgkino läuft der Film seit 25 Jahren, die Stadt Wien zeigt den Originalkanal und Gerhard Strassgschwandtner hat 2004 das weltweit einzige Dritte Mann Museum eröffnet.

Ratten und Parfüm   77

Nach der 150-minütigen Tour zu Originalschauplätzen mit der Stadtführerin hat sich die Sicht auf die Stadt verändert: Plötzlich sind Nebensächlichkeiten wie Kanaldeckel interessant. Timmermann kennt jedes Detail des Films und hat für ihr Buch mit unzähligen Filmmitarbeitern gesprochen. Seit 25 Jahren

19

Bilder aus dem Dritte Mann Museum

bietet sie die Tour an, sie erzählt leidenschaftlich über kleine und große Ereignisse am Set: etwa, dass die Wiener Ratten bei den Dreharbeiten vor dem starken Scheinwerferlicht flüchteten und durch Laborratten ersetzt werden mussten. Und Hauptdarsteller Orson Welles war nicht begeistert von der Idee, seine Stimme im feuchten und stinkenden Kanal zu beleidigen. Er habe sich selbst so stark parfümiert, dass er den Gestank nicht riechen musste. Heute können Filmfreunde in den Kanal hinabsteigen und an den Originaldrehorten alles über den Film und die Drehbedingungen erfahren.

Poster und andere Memorabilia
Memorabilia zum Film werden hingegen im **Dritte Mann Museum** ausgestellt. Strassgschwandtners Sammelleidenschaft begann 1997 in New York, als er dort drei Dritte-Mann-Premierenposter erstand. „Ich hatte keine Ahnung, dass es so viel zu sammeln gibt." Heute stellt er gemeinsam mit seiner Partnerin in dreizehn Museumsräumen über 2800 Objekte aus. Weil er aber mehr Stücke hat, als er ausstellen kann, wird monatlich ein Raum verändert. Jeden Samstagnachmittag kann man sich die Originalkappe des „kleinen Hansel" anschauen, die mehr als 400 Coverversionen des *Harry Lime Themes* bestaunen, Filmkritiken aus den 1950er-Jahren lesen und Triviales erfahren: etwa, dass in der U-Bahn-Station Ebisu in Tokio beim Abfahren der Züge das Lied gespielt wird.
Alles über die Zithermusik, das berühmte *Harry Lime Theme* und dessen Komponisten Anton Karas erzählt Cornelia Mayer. Sie spielt selbst Zither und kennt jede Note und eine ganze Menge Anekdoten zu jenem Mann, der zwar keine Noten lesen konnte, aber der erste Österreicher mit einem Nummer-1-Hit in den amerikanischen Charts war. Neben den Memorabilia hat Strassgschwandtner aber auch weitere Dokumente aus der Nachkriegszeit gesammelt. Bedrückende Briefe von Kindern, die vor Kriegsbeginn mit den Kindertransporten nach Schweden und England geschickt wurden, oder Carepakete machen die Situation der Wiener im geteilten Wien eindrucksvoll sichtbar.
Wer sich noch weiter in das Wien der Nachkriegszeit hineinfühlen will, kann bei Strassgschwandtner eine **Fahrradtour mit einem original Waffenrad** buchen – in der Nachkriegszeit ein wichtiges Fortbewegungsmittel. Etwas mehr als zwei Stunden lang radeln die Teilnehmer durch Wien und erfahren Wissenswertes und Kurioses, zum Beispiel, dass die Figur des unbekannten Soldaten aus eingeschmolzenen Bronzestatuen Adolf Hitlers gegossen wurde. Im Augarten wird dann ein Picknick aus einem Carepaket serviert: Ersatzkaffee in Blechhäferln.

Café, Hotel und Kino

Wer sich nach der Fahrradtour ausruhen möchte, kann sich ganz im Sinne der Spurensuche nach dem Dritten Mann im **Café Mozart** niederlassen und ein verspätetes Dritte-Mann-Frühstück bestellen. Graham Greene, der Autor der Filmvorlage, machte sich hier während seines Wien-Aufenthalts Notizen für sein Buch. Folgerichtig kommt das „Mozart" auch im Film vor – allerdings in einer nachgebauten Variante: Der damalige Besitzer hatte die Drehgenehmigung verweigert. Deswegen baute man das Café am Neuen Markt nach.

Direkt neben dem „Mozart", im berühmten **Hotel Sacher,** wohnten Greene und Welles während der Dreharbeiten. Noch heute können Hotelgäste in der „Dritte-Mann-Suite" übernachten. Wer dann noch nicht genug vom Dritten Mann hat, kann in Madame Tussauds' Wachsfigurenkabinett im Prater die Figur von Harry Lime genau betrachten.

Bevor man sich allerdings Wien aus der Perspektive des Harry Lime anschaut, sollte man unbedingt ins **Burgkino** gehen. Dreimal wöchentlich wird der Film in Originalsprache gezeigt. Fast jedes Mal finden sich internationale Gäste ein, manche sogar solche, die extra dafür nach Wien gereist sind.

Info

Führungen mit Brigitte Timmermann: „Der Dritte Mann – Auf den Spuren eines Filmklassikers": Montag und Freitag um 16 Uhr. Treffpunkt: U4 Stadtpark, Ausg. Johannesgasse. Preis: 18 €. www.viennawalks.com
Dritte Mann Museum: Pressgasse 25, 1040 Wien. Samstag 14–18 Uhr. Preis: Erwachsene 6,5–8,5 €, Kinder 4,5 €. Führungen auf Englisch: Mittwoch, 10 €. www.3mpc.net
Fahrradtour „Nachkriegswien" mit original Steyr-Waffenrädern: Dauer: 3 Stunden (inkl. Dritte Mann Museum), Termine nach Vereinbarung. Preis: ab 240 € für bis zu 8 Personen (keine Kreditkarten!). www.nachkriegswien.com
Dritte Mann Tour: Mai bis Oktober, Donnerstag bis Sonntag, 10–20 Uhr. Touren finden immer zur vollen Stunde statt. Treffpunkt: Karlsplatz – Girardipark (gegenüber vom Café Museum). Preis: Erwachsene 7 €, Kinder 5,50 €. www.drittemanntour.at
Burgkino: Opernring 19, 1010 Wien. Tickets: 7–9 €. www.burgkino.at
Café Mozart: Albertinapl. 2, 1010 Wien. Tägl. 8–24 Uhr. www.cafe-mozart.at

80

TOURISTEN DAS EIGENE GRÄTZEL ZEIGEN

Wien abseits der Innenstadt | Vienna Greeters

20

Die Vienna Greeters zeigen Touristen kostenlos ihre eigene Stadt abseits der bekannten Sehenswürdigkeiten. Dabei lernen auch die Greeters, also Einheimische, ihr Wohnviertel besser kennen.

Barocke und klassizistische Häuser umrahmen die mächtige Kirche auf dem **St.-Ulrichs-Platz** und nur ein paar angrenzende Lokale beleben die lauschige Ecke in Wien-Neubau. Der Platz hat das Flair eines alten Künstlerviertels und ist so bezaubernd, dass er immer wieder als Location für Dreharbeiten dient. Touristen verirren sich trotzdem kaum hierher. Der perfekte Ausgangspunkt für einen Spaziergang mit den „Vienna Greeters" Jonathan Irons und Daniel Frankl.

Die Greeters sind ein internationales Netzwerk von Ehrenamtlichen, die Touristen kostenlos durch ihre Heimatstädte führen. Die Idee wurde 1992 in New York geboren, seit 2015 gibt es die Greeters auch in Wien. Mittlerweile spazieren rund vierzig Wiener mit ausländischen Gästen durch ihre Grätzel. Jeder Wiener, der ein paar Mal pro Jahr mit Besuchern einen **Stadtspaziergang** machen möchte, kann sich bei den Greeters melden.

Denn diese fahren nicht nach Schönbrunn oder zum Stephansdom, sie flanieren mit den Besuchern abseits der bekannten Sehenswürdigkeiten durch ihre **eigene Wohngegend.** Auf der Onlineplattform dürfen die Touristen auch Wünsche äußern, zum Beispiel eine Lokaltour.

In jeder Stadt einen Greeter treffen

„Wir Greeters vermitteln den Kontakt zwischen den Menschen, die in Wien leben, und jenen, die hierher auf Besuch kommen", sagt Irons. „Wenn man mit einem Fremden durch seine eigene Stadt bummelt, sieht man sie plötzlich mit anderen Augen." Frankl, der neben ihm auf den steilen Stufen der Kirche Platz genommen hat, nickt zustimmend. „Mir macht es viel Freude, meine Stadt ein bisschen vorzustellen."

81

In der Lange Gasse in Wien-Josefstadt macht Irons auf einen neuen Käsegeschäft und einen wild-romantischen Hinterhof aufmerksam. Wenige Gehminuten davon entfernt liegt die hübsche **Piaristenkirche Maria Treu,**

Jonathan Irons und Daniel Frankl

einer der Lieblingsplätze von Daniel Frankl. Manche Besucher, so sagt er, haben ihm ebenfalls eine Tour durch ihre Stadt angeboten, falls es ihn einmal dorthin verschlagen sollte. Irons weiß von Leuten, die auf diese Art die halbe Welt bereist haben. „Sie trafen in jeder Stadt einen Greeter." Für ihn ist sein Engagement eine gesunde Freizeitbeschäftigung, durch die er zudem neue Kontakte knüpfen kann: „Die Leute, die sich für einen ‚Greet' anmelden, sind auf unserer Wellenlänge."

Im nahen **Schönbornpark** am Ende der Lange Gasse wird gerade der WC-Pavillon, der unter Denkmalschutz steht, von Arbeitern renoviert. „Innen machen wir alles aus Edelstahl, außen wird es in ein paar Monaten wieder aussehen wie zu Kaisers Zeiten", erzählen die Arbeiter. Irons hat davon schon gelesen. Was sich in seinem Grätzel tut, interessiert ihn immer.

Liebe auf den zweiten Blick
Während Frankl in Wien geboren wurde, ist der Brite Irons einer, den man hier umgangssprachlich als „Zuagraster" bezeichnet. „Wegen der Liebe ging ich nach Deutschland, wegen dem Job nach Wien", erzählt er. Seit acht Jahren lebt der Verlagsangestellte nun hier, aber bis er mit seiner neuen Wahlheimat so richtig warm wurde, dauerte es. „Das Museumsquartier oder das Kunsthistorische Museum habe ich von Anfang an geliebt. Aber mein Gefühl für die eigentliche Stadt entwickelte sich erst, als ich begann, sie zu Fuß zu entdecken."

Heute schwärmt er gerade von diesen kleinen Dingen, die am Wegesrand liegen und die ein Einheimischer oft gar nicht mehr bemerkt. „Die Eisdielen, die Schuhmacher, die Schneider, eben diese alten Geschäfte, die kenne ich von Deutschland nicht. Da ist Wien so vielfältig und interessant."

Info

Vienna Greeters: Verein zur Organisation von Stadtspaziergängen. Spaziergang muss mind. zwei Wochen im Voraus für max. 6 Personen vereinbart werden. Dauer: ca. 2 Stunden.
Neue Greeter werden gerne aufgenommen. „Meet a Greeter"- oder „Become a Greeter"-Anmeldungen: www.viennagreeters.com

83

CAMPINGURLAUB AM DONAUKANAL

21

Leopoldstadt | Badeschiff

Mitten in der Stadt auf dem Sonnendeck eines Schiffes baden, campen und im Laderaum kegeln: Das gibt es nur in Wien.

Nach dem Sonnenbad am Sandstrand tauchen die Urlauber in den rund dreißig Meter langen Pool und schwimmen ein paar Längen. Am Nachmittag holen sie sich Barbecuespieße im Restaurant, vor dem Abendessen kegeln sie eine Runde unter Deck. Anschließend werfen sie auf dem Hauptdeck ein paar 50-Cent-Stücke in die Jukebox und schunkeln zu Achtzigerjahre-Musik. Danach gehen sie zurück auf das Sonnendeck in ihr gemietetes Mini-Loft. Zwischen Schwedenplatz und Urania rauscht der **Donaukanal** leise vorbei, das Wasser glitzert, die Sterne und die fernen Prater-Lichter leuchten um die Wette.

So könnte ab 2015 ein typischer Wien-Aufenthalt oder das Wochenende eines Einheimischen ablaufen, wenn es nach den Badeschiff-Betreibern Gerold Ecker und Luke Bereuter geht. „Im Sommer kann man hier eine ganze Woche verbringen, ohne sich wegzubewegen", erklärt Ecker. „Mitten in der Großstadt ist alles da, was man für einen Urlaubstag braucht."

Mit dem Nächtigungsangebot **Urban Camping** hat die „Crew" im Sommer 2015 das stetig wachsende Angebot auf dem **Badeschiff** erweitert. Darauf soll wohl auch der neue Name hinweisen. Das Restaurant trägt jetzt den Namen *Prost Mahlzeit* und den Zusatz *und a guat's Nächtle am Badeschiff*. Ein Hinweis darauf, dass man hier mittlerweile viel mehr als nur essen kann. Eben zum Beispiel in einem der zeltartigen Mini-Lofts im hinteren Bereich des Sonnendecks nächtigen. „Wir haben alles renoviert. Auf dem Donaukanal zu übernachten, ist eine großartige Sache, auch für Wiener", ergänzt Bereuter.

Erst im Herbst 2014 wurde im Laderaum eine **Kegelbahn** errichtet. „Zuerst dachten wir, dass wir mit Ballast arbeiten müssen, weil sich das Schiff durch unterschiedliche Beladungen neigt", sagt Ecker. „Aber es funktioniert viel besser als gedacht." Er ist sichtlich stolz auf die Unterwasser-Kegelbahn. Zuvor wurde der Laderaum für Clubbings genutzt. „Diese Jugendkultur hat irgendwann vom Alter her nicht mehr zu uns gepasst", meint der Mittvierziger.

84

Pool mit Blick auf die Urania

21

Bienenstock und Eisstockbahn

Das Badeschiff besteht eigentlich aus zwei Booten, die miteinander verbunden sind. Auf dem kleineren befindet sich der Pool, auf dem größeren das Sonnendeck, ein Restaurant und seit 2014 eben auch die Kegelbahn. Die Eisstockbahn neben dem Badeschiff ist bereits länger in Betrieb, aber nur in den Abendstunden der Wintermonate. Tagsüber nutzen sie Kinder zum Eislaufen. „Wir sind bei vielen Dingen die Ersten. Kein anderes Schiff hat eine Kegelbahn. Außerdem ist das Badeschiff autark. Wir könnten damit nach Linz fahren und es dort genauso weiterbetreiben wie in Wien", betont der gebürtige Oberösterreicher Bereuter.

Honig wird in Kooperation mit dem Stadtimkerverband gleich direkt auf dem Schiff erzeugt. „Wir haben seit drei Jahren **Bienenstöcke** am Bug. Sie produzierten bereits Honig, als wir unten noch den Techno-Club betrieben haben." Der Stadtimker habe die Tiere scherzhaft „Techno-Bienen" genannt.

Für das ursprüngliche Konzept des Badeschiffs gab es historische Vorbilder. Daran wollte man anknüpfen, wie Ecker zugibt: „In der Zwischenkriegszeit schwammen Strombäder entlang des Donaukanals, die waren so was Ähnliches wie ein Badeschiff." Tatsächlich gab es die ersten Badeanstalten auf dem Donaukanal im Jahr 1904. Eine befand sich bei der heutigen Rotundenbrücke, die zweite unterhalb des Nussdorfer Wehrs. Damals hängte man Metallkörbe mit einem Holzboden in das Flusswasser. 1905 wurden zwei weitere Badeschiffe bei der Augarten- und der heutigen Stadionbrücke in Betrieb genommen. Nach dem Zweiten Weltkrieg verschwanden diese Strombäder endgültig, bis im Jahr 2006 das **Badeschiff** in seiner jetzigen Form auftauchte. Einen wichtigen Unterschied führt Ecker nun doch ins Treffen: „Allerdings verwenden *wir* für den Pool kein Wasser aus dem Donaukanal, sondern qualitativ hochwertiges Wiener Hochquellwasser."

Info

Badeschiff: Donaukanallände (zwischen Schwedenplatz und Urania), 1010 Wien. www.prostmahlzeit.wien
Urban Camping: Die Zelte mit Doppelmatratze sind etwa 8 m² groß und kosten ca. 40 € pro Nacht. Die Nutzung des Pools ist inkludiert.

RETTER DER BUCHSTABEN

Leopoldstadt | Kleine Sperlgasse

Birgit Ecker und Roland Hörmann haben ein ausgefallenes Hobby: In ihrer Freizeit klettern sie auf Leitern und Gerüste, um nostalgische Schriftzüge vor der Entsorgung zu bewahren. Jeder Wiener kann ihnen beim Buchstabenretten helfen.

„Wir wollen ein dezentrales typografisches Museum im öffentlichen Raum", erklärt Birgit Ecker, Mitbegründerin des Vereins Stadtschrift. Die junge Frau und ihr Freund Roland Hörmann haben vor ein paar Jahren begonnen, nostalgische Schriftzüge von Fassaden zu sammeln, die sonst in einem Müllcontainer landen würden. Seither kontaktieren sie zuständige Eigentümer und Hausverwaltungen, wenn sie wieder von einem bedrohten „Grätzelwahrzeichen" hören. Zusätzlich fordern die Retter der Buchstaben auf ihrer Webseite dazu auf, sie auf gefährdete Schriftzüge aufmerksam zu machen. Eine Nachricht mit Foto und Adresse genügt.

„Die Liebe zu diesen Objekten war immer schon da", sagen sie. Das ambitionierte Pärchen gründete 2012 einen Verein und bereits zwei Jahre später, am 25. September 2014, wurde der erste Standort der Stadtschriften eröffnet. In der **Kleinen Sperlgasse** in Wien-Leopoldstadt wurde ein Teil ihrer Sammlung an einer Feuermauer montiert und ziert nun das Stadtbild. Die Buchstaben wären sonst wahrscheinlich unwiederbringlich auf Müllplätzen oder in Kellern verschwunden, jetzt gehören sie wieder jedem, der sie betrachten will.

Geht es nach Ecker und Hörmann, werden in Zukunft noch weitere Mauern in Wien mit ihren gesammelten Schätzen verschönert. Informationen dazu könnten Interessierten digital auf Webseiten oder Apps zur Verfügung stehen, die sich dann von ihrem Smartphone von Punkt zu Punkt leiten lassen. „Wir würden auch gerne Schriftzüge dort montieren, wo sie einmal waren, also auch Geschäfte einbinden", ergänzt Hörmann. Doch eigentlich würden die beiden die Schriftzüge gerne an ihrem ursprünglichen Platz hängen lassen. „Dann müssten wir sie nicht abmontieren, zwischenlagern, eine Mauer und eine Finanzierung finden", erklärt Ecker.

Trotz viel Zuspruch und großem medialen Interesse an ihrem Projekt blieben Förderzusagen der öffentlichen Hand bisher großteils aus. Die Feuer-

87

Blumen
Gas
Bücher
KLEIDERREINIGUNG
Gaststätte
Obst u. Gemüse
tabak
Elektro
MÖBEL
PAPIER
Coiffeur Trafiken
LEBENSMITTEL

Kleine Sperlgasse

22

mauer im 2. Bezirk konnte aber mit Unterstützung des Sozialdemokratischen Wirtschaftsverbands und der Schilder-Firma Weinwurm umgesetzt werden.

Erschöpfung und Engagement

Ecker und Hörmann üben neben ihrer Vereinstätigkeit einen Fulltime-Job aus. In ihrer Freizeit arbeiten sie nicht nur unbezahlt als Stadtschriften-Sammler, sie tragen auch die Unkosten selbst. Die zum Teil voluminösen Konstruktionen müssen jedes Mal demontiert, abtransportiert und gelagert werden. Manche Teile wiegen bis zu einhundert Kilo.

Bei der Lagerung der bisher rund hundert zusammengetragenen Objekte wird improvisiert. Die Gebietsbetreuung hat ihnen einen Keller zur Verfügung gestellt, der Rest ist privat untergebracht. Oft ist schnelles Handeln erforderlich. Ecker erinnert sich an den Anruf einer Hausverwaltung während ihrer Arbeitszeit. „Wir hatten gerade eine halbe Stunde Zeit, um einen Schriftzug zu holen, auf den wir schon eineinhalb Jahre gewartet hatten. Sonst hätte ihn die Baufirma entsorgt."

Manchmal, gibt Ecker zu, frage sie sich schon: „Warum mache ich das eigentlich?" Vor allem dann, wenn wieder mal eine Förderabsage eintrudelt. Doch dann fällt ihr ein, wie es war, als sie vor der Feuermauer in der Sperlgasse gestanden ist. „Mir wurde klar, was wir da geschafft haben, ich war richtig glücklich." Auch Hörmann strahlt nun über das ganze Gesicht. „Ich vergleiche das gerne mit einem Baby. Man muss es füttern, wickeln, es schreit. Und man ist völlig erschöpft. Aber plötzlich lächelt es dich an. Und in diesem Moment weiß man, warum man das alles gemacht hat."

Info

Stadtschrift: Verein zur Sammlung, Bewahrung und Dokumentation historischer Fassadenbeschriftungen
Sammlung von Stadtschriften: Kleine Sperlgasse 2c, 1020 Wien
www.stadtschrift.at

PFERDEWETTEN IM PRATER

23

Leopoldstadt | Trabrennbahn Krieau

Ihre beste Zeit hat die Trabrennbahn in der Krieau schon hinter sich. Doch genau dieser „Shabby Chic" macht ihren Charme aus.

„Hier kreuzen Sie die Nummer des Pferdes, den Einsatz und die Art der Wette an", erklärt die junge Dame an der Kasse und übergibt einen Stapel Wettscheine. Im Hintergrund läuft das Intro der nicht mehr ganz taufrischen Fernsehserie *Black Beauty*. Die Retro-Musik passt perfekt zur in die Jahre gekommenen Trabrennbahn.

Die Tribünen bleiben leer, doch die meisten Kaffeehaustische sind besetzt. Die Besucher studieren das aktuelle Trabrennmagazin, besprechen die Chancen der Pferde oder füllen gemächlich ihre Wettscheine aus. Statt festlicher Kleidung tragen die meisten Legeres, auf den Tischen stehen Bierflaschen und liegen Schnitzelsemmeln, eine Frau mit Bauchladen verkauft in Schoko getunkte Früchte. Alles ist „pomali", also langsam, wie der Wiener sagt.

Erst wenn das blecherne „Noch zwei Minuten bis zum Start" aus den Lautsprechern erklingt, bricht fast so etwas wie Hektik aus. Die Zuschauer gehen zu den Kassen, um die Wette für das nächste Rennen zu platzieren. Adrenalin liegt in der Luft, wenn es heißt: „Teilnehmer ab!" Plötzlich sind die Tische leer gefegt. Das Publikum reckt an der Absperrung zur **Rennbahn** die Hälse und feuert seine Favoriten an. Rund ein Dutzend Pferde und ihre Jockeys traben im Kreis um die Wette. Fast so, als würden sie gegen den Lauf der Zeit anrennen, denn die Zuschauerzahlen und die Umsätze in der Krieau sinken seit Jahren. Das ist bedauerlich, denn auch wenn der Glanz alter Zeiten verflogen ist, so hat sie noch immer ihren Reiz. Diese Mischung aus eleganten Tieren, Wettkampf und ein bisschen Zocken übt eine unergründliche Faszination aus.

90 Null Ahnung vom Pferdesport? Egal. **Wetten** ist ab einem Euro möglich. Bleibt man bei Kleinbeträgen, ist es nicht tragisch, wenn man im wahrsten Sinne des Wortes aufs falsche Pferd gesetzt hat. Es geht ums Mitfiebern. Außerdem kann ein Amateur genauso gewinnen. Eine Freundin setzt meistens auf das Pferd mit dem ausgefallensten Namen und geht dann mit ein

paar Euro plus nach Hause. Der Vollständigkeit halber muss jedoch an dieser Stelle festgehalten werden: Menschen, die zur Spielsucht neigen, sollten Pferderennbahnen unbedingt meiden!

Renntage waren gesellschaftliche Großereignisse

Im Jahr 1878 wurde die Trabrennbahn im **Prater** eröffnet, und Anfang des 20. Jahrhunderts waren die Renntage gesellschaftliche Großereignisse, an denen Fiaker und Equipagen die Hauptallee verstopften. Heute wächst rundherum ein moderner Stadtteil, die neue Wirtschaftsuniversität oder der OMV-Turm wirken wie ein Kontrast zur Gemächlichkeit der traditionsreichen Rennbahn.

Anfang des 20. Jahrhunderts zählte man pro Renntag bis zu 60 000 Besucher, heute ist das unvorstellbar. Trotzdem hat die Trabrennbahn zwei Weltkriege und das nachlassende Interesse des Publikums überlebt. Hoffentlich hält das Überbleibsel aus der Monarchie noch ein bisschen durch. Besser demnächst einen Abstecher auf die Pferderennbahn machen. Sicher ist sicher.

Info

92

Trabrennbahn Krieau: Nordportalstraße 247, 1020 Wien
Rennen finden an verschiedenen Sonntagnachmittagen statt.
Die genauen Termine: www.krieau.at

WIEN OHNE ZUCKERGUSS

Leopoldstadt, Landstraße, Innere Stadt |
Vienna Ugly Tour

24

Die Gründer der Plattform „Space and Place" bringen Wiener
mit Asylwerbern und Weltenbummlern zusammen und bieten
Touren zu den hässlichsten Orten und Gebäuden der Stadt.

„Hätte gerne ein Bild von Quinn gesehen, um seine Schönheit zu bewundern", ätzte ein Poster im *Standard*-Forum. Was das Gemüt des Internet-
Trolls so erhitzte, war ein Artikel über die **Vienna Ugly Tour,** der am 22. Mai
2015 in der Onlineausgabe der Tageszeitung erschienen ist. Dabei ist das
Kunstprojekt eigentlich eine Hommage an Wien.
Der Brite Eugene Quinn zeigt Interessierten während eines Spaziergangs
„die hässlichsten Gebäude der Stadt". Der Radiojournalist und DJ ist einer
der Gründer der Plattform „Space and Place". Mit verschiedenen Projekten
wie die „Vienna Coffee House Conversations" (Wiener treffen auf Touristen
und Expats), „Magdas Social Dinner" (Wiener treffen auf Asylwerber und
Weltenbummler) oder Grätzelbusfahrten will das fünfköpfige Team „Leute
zusammenbringen, die sich nur selten begegnen, ... und das an Orten, die
oft übersehen und vernachlässigt werden".
Mit der *Vienna Ugly Tour* wird den Wienern auf humorvolle Art der Fehde-
handschuh zugeworfen – und sie heben ihn gerne auf: Im Gegensatz zu
gewöhnlichen Besichtigungstouren sind überdurchschnittlich viel Einheimische gekommen. Britischer Humor trifft Wiener Schmäh, könnte man
sagen. Das **Wien abseits der Klischees** wolle er zeigen, sagt Quinn: „Mein
Wien ist nicht Sisi – Schnitzel – Schönbrunn – Spanische Hofreitschule –
Sachertorte – Stephansdom. Mein Wien ist Gürtel-Nightwalk, FM4, Café
Phil, Museumsquartier und die Graffitis am Donaukanal." Die reale Stadt
sei lebendig und fröhlich, das alte und verstaubte Fantasiebild nur für
Touristen.
Das erste Gebäude auf Quinns „schiacher" Liste ist ein architektonischer **93**
Albtraum in Pink. Seit sechs Jahren wird es zum Verkauf angeboten, bisher
ohne Erfolg. „Der Besitzer sitzt im Gefängnis", aber nicht wegen „schlech-
ten Geschmacks, sondern wegen Betrugs". Dann marschiert er in seiner
orange leuchtenden Arbeitshose weiter und stößt die Stadtspaziergänger

24

mit der Nase auf **grotesk bemalte Zinshäuser, graue Fassaden** und **bizarren Stilmix.** „Wenn dieser Kasten eine Person wäre, dann wäre er Wladimir Putin. Klein, aber mit großen Ideen", spottet er über ein Gebäude in der Nähe des Donaukanals.

Die traurigen Underdogs feiern

Geschmackloses, Kitschiges und Überladenes liegt auf dem Weg vom Karmelitermarkt bis zum Heldenplatz gut versteckt zwischen Wiens imperialer Pracht. „Jeder spricht über die Hofburg, aber niemand redet über diese traurigen Underdogs. Aber wir feiern sie", sagt Quinn. Wer oder was ein städtebaulicher Underdog ist, liegt selbstverständlich im Auge des Betrachters. „Die Franzosen wollten den Eiffelturm nicht, die Londoner haben während der Bauzeit die St Paul's Cathedral gehasst", sagt Quinn. Schönheit und Hässlichkeit seien auch Kinder der Zeit. Und manches sei gleichzeitig schön und hässlich. „Mick Jagger, Janis Joplin oder Katy Perry zum Beispiel."

Quinn outet sich als enthusiastischer Wien-Fan. „Ich habe zuvor in drei anderen Großstädten gelebt und weiß daher: Wien ist großartig." Für Herbst 2015 plant die „Space and Place"-Mannschaft zusätzlich einen Rundgang mit einem neuen Thema. „Dann feiern wir, dass Wien die beste Stadt der Welt zum Leben ist", erzählt Quinn. Meint er das auch ironisch? Er schüttelt den Kopf. „Nein. In keiner anderen Großstadt kann der Durchschnittsbürger so gut leben wie hier. Mir ist das klar, seit ich hierhergezogen bin. Aber ich glaube, vielen Wienern ist das nicht bewusst. Die Jungen, Coolen und Hippen verlassen die Stadt jedes Wochenende und überlassen sie den Touristen. Das verstehe ich einfach nicht."

Info

Vienna Ugly – Tour of the Worst Buildings: Touren werden abwechselnd auf Englisch oder Deutsch bzw. tagsüber oder in der Nacht abgehalten. Preis: 5 €.
Termine und Treffpunkt: spaceandplace.at/2015/vienna-ugly-tour

95

DRAMA IN PENZING

25

Landstraße, Innere Stadt, Penzing | mdw, Salesianerinnen-kloster, Kirche St. Ursula, Hotel Imperial, Max-Reinhardt-Seminar

Die Universität für Musik und darstellende Kunst Wien ist nicht nur eine der besten Ausbildungsstätten für Kunstschaffende in den Bereichen Theater und Musik, sondern auch Veranstalterin von jährlich 1200 Film-, Musik- und Theateraufführungen – oft an Orten, die sonst nicht öffentlich zugänglich sind.

Ein im Straßenlärm kaum hörbares Trommeln dient als akustischer Wegweiser zu einem langen gelben Bau an einer Bahnstrecke – der Universität für Musik und darstellende Kunst Wien (mdw). Hinter der schmucklosen Fassade öffnet sich ein kleiner Park, ein Garten des Wohlklangs.
Aus allen Fenstern klingt und tönt es. Die Studenten proben – nicht nur für Prüfungen, sondern auch für öffentliche Auftritte. Mehr als 1200 Aufführungen im Jahr veranstaltet die mdw mit 3000 Studierenden, viele davon sind kostenlos. Gespielt wird im hauseigenen Joseph-Haydn-Saal, aber auch an ungewöhnlichen, imperialen und normalerweise öffentlich nicht zugänglichen Orten.

Kirche und Kloster
Meist ist die Tür zur **barocken Kirche St. Ursula** fest verschlossen, jedoch nicht, wenn Studierende und Lehrende zu Studienkonzerten und öffentlichen Diplomprüfungen laden oder sie Gottesdienste auf der Orgel begleiten.
Die Kirchenkonzerte sind nicht nur ein musikalischer Genuss, sondern auch ein Angebot, dem hektischen Alltag zwischendurch zu entfliehen. Der Blick zum Hochaltar, der feine Kerzengeruch und die Orgeltöne lassen innehalten und nehmen die Besucher mit auf eine perfekte Hör-Reise durch alte und neue Kirchenmusik.

96 Ein besonderer Aufführungsort ist auch das **Salesianerinnenkloster am Rennweg:** In dem normalerweise öffentlich nicht zugänglichen „Kaiserinnentrakt", dem Alterssitz der Witwe Josephs I., laden angehende Pädagogen zu Vokal- und Instrumentalabenden. Zudem bietet der Trakt eine beeindruckende Aussicht auf den Garten des angrenzenden Schloss Belvedere.

St. Ursula

St. Ursula

Salesianerinnenkloster am Rennweg

25

Hotel und andere Locations

Etwas weniger sakral geht es im **Hotel Imperial** an der Ringstraße zu. In einer der schönsten Hotelbars Wiens, im **1873 HalleNsalon,** wird nicht nur der Gaumen mit Champagner und Canapés verwöhnt, sondern auch für die Gehörgänge einiges geboten: Bei der Konzertreihe „Imperial Talents" gibt es DJ-Sets sowie musikalische Comedy. Musikhochschüler aus aller Welt spielen klassische und populäre Musik aus ihrer Heimat.

Die Studierenden der 24 Institute verwandeln verschiedenste Locations in „Zauberorte", meint Susanne Latin, die Veranstaltungsmanagerin der mdw – vom Kloster bis zur Bar, vom Jazzlokal Porgy & Bess bis zum Badeschiff am Donaukanal. Künstlerischen Stoff gibt es genug, werden doch an der mdw 105 Studienrichtungen von Komposition über darstellende Kunst bis hin zu Film und Fernsehen angeboten.

Der Reputation des Hauses entsprechend sieht man mitunter auch berühmte Dirigenten wie Franz Welser-Möst oder Riccardo Muti über den Campus spazieren, auf dem Weg zur Probe mit dem hauseigenen Webern-Symphonie-Orchester, oder Oscarpreisträger Professor Michael Haneke auf dem Weg zu den Filmstudios im Campus. Der Output der angehenden Filmschaffenden ist beim Wiener Studentenfilmfestival, der Werkschau der mdw, bei den Vienna Independent Shorts und auch im Volxkino zu sehen.

Penzing und Schlosstheater

„In Penzing ist die Dramatik", sagt Latin. Im **Max-Reinhardt-Seminar** im Palais Cumberland studierten schon Otto Schenk, Senta Berger und, als Gasthörer, Helmut Qualtinger. Heute werden im achteckigen und somit flexibel bespielbaren Theaterraum der „Neuen Studiobühne" Werke wie Albert Camus' *Das Missverständnis,* österreichische Erstaufführungen wie Caryl Churchills *Liebe und Information* oder Jura Soyfers Politfarce *Astoria* aufgeführt.

Einer der „Zauberorte" ist auch das älteste noch existierende Theater Wiens, das **Schlosstheater in Schönbrunn.** Seit mehr als achtzig Jahren gehört das 1745 eröffnete Theater schon zur Universität. Hier treten die Studierenden des Max-Reinhardt-Seminars und des „Operninstituts" auf. Das ganze Jahr über werden klassische Stücke wie William Shakespeares *Ein Sommernachtstraum,* aber auch moderne Dramen wie David S. Craigs *Agent im Spiel* aufgeführt. Die jungen Talente des Instituts für Gesang und Musiktheater spielen im barocken Ambiente Opern und Operetten wie Wolfgang Amadeus Mozarts *Le nozze di Figaro,* Johann Strauss'

98

Studiobühne

Studiobühne

Schlosstheater Schönbrunn

25

Die Fledermaus oder Henry Purcells *Dido und Aeneas.* Manchmal jedoch passiert auch Unerwartetes, wenn etwa Studierende Carl Maria von Webers *Freischütz* in Tom Waits' Version als Rockmusical *Black Rider* aufführen, eine Barocksatire wie *Der Drache von Penzing* inszenieren oder auch Zeitgenössisches wie die *Jedermann-Monologe* von Frank Martin.

Die 1200 Veranstaltungen sind auf der mdw-Webseite abrufbar. Dies macht es zwar nicht leichter, sich für eine Aufführung zu entscheiden, aber zumindest weiß man auch, was man versäumt hat.

Info

100

mdw – Universität für Musik und darstellende Kunst Wien:
Anton-von-Webern-Platz 1, 1030 Wien. Alle Veranstaltungen sowie Informationen zu Veranstaltungsorten: www.mdw.ac.at/6

DAS SCHLOSS DES KRIEGSHERRN UND DIE LIEBE

Landstraße | Schloss Belvedere

Ausgerechnet das Schloss des berühmten Feldherrn Prinz Eugen ist einer der romantischsten Orte Österreichs.

Die Stadt Verona in Italien ist eine Pilgerstätte für Verliebte. Im „Haus der Julia" schwören sich Pärchen aller Nationalitäten und Altersgruppen im Gedenken an Shakespeares *Romeo und Julia* ewige Treue, Männer fallen hier vor ihrer Liebsten auf die Knie und machen ihr einen Heiratsantrag. Dabei hat es das wohl berühmteste Liebespaar der Welt nie gegeben und auch der Autor selbst war niemals in Verona. Die Stadt kaufte 1905 ein Haus und erklärte es kurzerhand zum Familiensitz der Familie Capulet, um den Romantiktouristen etwas zu bieten.

In Wien gibt es ein Romantik-Pendant im **Schloss Belvedere** – der Platz ist vielleicht etwas weniger bekannt, dafür ist hier alles echt. „Genau dort vor dem Bild machen Männer ihren Frauen immer wieder einen Heiratsantrag oder Pärchen erneuern ihren Liebesschwur", erzählt ein Aufseher und deutet auf das wohl populärste Gemälde der Republik: *Der Kuss* des Jugendstilmalers Gustav Klimt ist *der* Blickfang im Barockschloss Belvedere. Vor keinem anderen Kunstwerk drängen sich so viele Schaulustige wie vor diesem innig verschmolzenen, in Gold gehüllten Liebespaar.

Es gibt Vermutungen, dass es sich bei der knienden Frauengestalt auf Klimts Werk um eine seiner Musen handelt, die Unternehmerin Emilie Flöge. Klimt malte das Bild in den Jahren 1908/09 in seiner sogenannten „goldenen Phase". Wer sich vor seinem Meisterwerk verlobt, könnte gleich ein paar Schritte weiter heiraten. Für kirchliche Trauungen steht Prinz Eugens **Schlosskapelle** zur Verfügung, im **Oktogon** werden standesamtliche Trauungen durchgeführt. Hier, wo heute geheiratet wird, war früher das Frühstückszimmer Franz Ferdinands. Von der Jahrhundertwende bis zu seiner Ermordung im Jahr 1914 lebte der Thronfolger Erzherzog Franz Ferdinand **101** mit seiner Familie im Belvedere. Er war mit der nicht standesgemäßen Fürstin Sophie von Hohenberg verheiratet und hatte mit ihr drei Kinder. Hier genossen sie ihr Familienleben abseits vom strengen Wiener Hofzeremoniell. Das Ehepaar soll hier sehr glücklich gewesen sein.

26 Blick vom Marmorsaal des Belvedere

Tragische Hochzeit und ein lediger Prinz

Das Belvedere war einst die Sommerresidenz des berühmten Feldherrn Prinz Eugen von Savoyen (1663–1736). Unter ihm trug es noch den etwas sperrigen, aber martialischen Namen „Kriegs- und Siegs-Lager". Die wohlklingende Bezeichnung „Belvedere" („Schöne Aussicht") bekam das Schloss erst unter Kaiserin Maria Theresia. Doch zuvor lebte hier der Zeit seines Lebens unverheiratete Prinz, der als Kriegsherr Karriere machte. Der Exzentriker besaß eine Menagerie, die von allerlei exotischen Tieren bevölkert wurde. Unter anderem hielt er sich einen Löwen als Haustier, den er zum Schrecken seiner Gäste bei Banketten gefüttert haben soll. In der Nacht, als der Prinz starb, soll das Tier in der Menagerie schrecklich gebrüllt haben. Prinz Eugens Gefühlsleben ist bis heute ein Rätsel. Gegen gute Partien hat er sich immer gewehrt, aber Tiere liebte er über alles.

Die berühmteste Hochzeit, die hier gefeiert wurde, war alles andere als eine Liebesheirat. Marie Antoinette, die jüngste Tochter Maria Theresias, ehelichte 1770 den französischen Thronfolger und späteren König Ludwig XVI. im Zuge der Heiratspolitik der Habsburger. 6000 Gäste waren ins Belvedere geladen, der Bräutigam selbst war nicht anwesend. Trotzdem gibt es für dieses Fest kaum Quellen, es existiert lediglich eine Erzählung. Sehr gut belegt ist hingegen das furchtbare Ende Marie Antoinettes im Jahr 1793: Sie wurde während der Französischen Revolution auf dem Schafott hingerichtet.

An die tragische Königin erinnert im Belvedere heute nichts mehr. Vielmehr ist es ein wundervoller Ort für Liebende und Kunstbegeisterte. Im Schloss und im **Garten** finden sich zahlreiche Darstellungen mythischer Liebespaare, überall Abbildungen von Leidenschaft, Hingabe, Verbundenheit. Im **Oberen Belvedere** zieht Liebesgott Amor die sterbliche Königstochter Psyche mit sich zu den Unsterblichen empor, im unteren Teil des Parks kämpft der griechische Gott Apollo um Daphne, zu der es ihn leidenschaftlich hinzieht. Ein paar Meter weiter reicht Kalliope dem griechischen Helden Herkules eine lorbeergeschmückte Tuba. Unzählige andere Skulpturen wachen im Schlossgarten oder im Schloss selbst und erzählen ihre Geschichten, die sich vor langer Zeit zugetragen haben sollen.

Im **Unteren Belvedere** vereinen sich der römische Kriegsgott Mars und Liebesgöttin Venus, der kleine Amor schlüpft in die Rolle des Kindes. Liebe **103** und Krieg haben im Belvedere eine innige Beziehung. Durchgesetzt hat sich im Belvedere aber eindeutig die Liebe.

Der Mythos um Figls Ausruf

Mit Romantik hat das Folgende nichts zu tun, trotzdem sei kurz erwähnt: Im **Marmorsaal des Belvedere** wurde im Jahr 1955 der Staatsvertrag unterzeichnet. Hier kündigte der damalige Außenminister Leopold Figl mit den berühmten Worten „Österreich ist frei" den Abzug der alliierten Truppen an. Und zwar nicht, wie fälschlicherweise oft behauptet, auf dem Balkon. Dieser spontane Ausruf auf dem **Balkon** ist nur ein Mythos. Das Fernsehen hat den Bericht so zusammengeschnitten, dass es so aussah, als ob der Minister diesen Satz draußen für die Menschen gesprochen hätte. Im Belvedere hat man in diesem Fall auf Pathos verzichtet. An den Tag der Unterzeichnung erinnert eine schlichte Gedenktafel, die am Boden vor dem Balkon eingelassen wurde.

104   Info

Schloss Belvedere: Prinz-Eugen-Straße 27, 1030 Wien
www.belvedere.at

LETZTES ERFREULICHES OPERNTHEATER

Landstraße | Theater L.E.O.

Stephan Fleischhacker ist Bühnen- und Kostümbildner, Regisseur, Sänger und Direktor im wahrscheinlich kleinsten Opernhaus der Welt, in dem große Werke berühmter Komponisten aufgeführt werden. Seit 1998 singen im L.E.O. – dem „Letzten Erfreulichen Operntheater" – ausgebildete Opernsänger auf einer winzigen Bühne große Werke in unerwarteten Fassungen.

Als Bühnenbildner hat Fleischhacker im L.E.O. nicht viel zu tun. Der Vorhang wird einfach per Hand aufgezogen. Die Bühne dahinter misst nur fünfzehn Quadratmeter. „Große Schlachtszenen gehen sich nicht aus", sagt er lachend. Meistens wird auch der Zuschauerraum für die Aufführung genutzt. Die Darsteller klettern durch das Fenster der Künstlergarderobe, laufen durch einen Garten und treten durch eine Hintertür wieder ein. Das Publikum wird so Teil der Inszenierung. Die Hälfte der Bühne nimmt das Orchester ein, dieses besteht allerdings nur aus einem Klavier.

Dass hier alles etwas kleiner ist als üblich, soll aber nicht über die Professionalität des Hauses hinwegtäuschen. Fleischhacker baute mit zehn Jahren sein erstes Bühnenbild in fünfzehn Aufzügen in einem Waschmittelkarton, hörte täglich Opern und studierte schließlich in den 1980er-Jahren Kostüm- und Bühnenbild in Mailand. Als Opernsänger deckt er ein breites Repertoire von lyrischen bis zu dramatischen Rollen ab, als Kunstpfeifer ohne technische Hilfsmittel locker drei Oktaven. Libretti empfand er schon als Kind als gesungene Märchenbücher. In seiner Jugendzeit hörte er lieber Richard Strauss' *Salome* als populäre Rockbands. Arientexte las er lieber als Kinderbücher. Deshalb kann er heute ein beachtliches Repertoire auswendig, was bei seiner Arbeit als Regisseur ungemein hilfreich ist.

Statt Regietheater zu betreiben, lässt Fleischhacker den Sängern viel Raum, um sich zu entfalten. Oft hört er lieber zu, als den Darstellern Anweisungen zu geben. „Man muss die Künstler die Figuren spüren lassen und ich gebe **105** ihnen dabei freie Hand", sagt er. „Kein Opernbesucher kommt ins L.E.O., um den Sänger zu sehen, sondern die Figur, die Tosca, die Elsa und die Carmen." Das Publikum merkt sofort, dass die Darsteller Lust auf ihre Rollen haben. Das L.E.O. entführt die Zuseher in jene Zeiten, in denen die **Opern und**

27

Operetten ursprünglich verortet sind. „Wir führen das Stück genau so auf, wie es geschrieben wurde. Wir folgen den Vorgaben der Komponisten. Viele der Figuren sind in ihrer Zeit verankert und erscheinen in modernen Kleidern einfach unglaubwürdig." Der Herzog von Mantua in Verdis *Rigoletto* kann seine Machenschaften als böser, schmieriger und skrupelloser Herzog in seiner Zeit in der Renaissance ausleben und die Postbotin Christel in Carl Zellers Operette *Der Vogelhändler* darf im Setting des späten 18. Jahrhunderts um ihre große Liebe kämpfen.

Mehr als dreißig Opern und Operetten hat das Ensemble im L.E.O. seit 1998 auf die kleine Bühne gebracht. Von *La Traviata* über *Das Land des Lächelns* bis hin zu *La Bohème*, vom *Rosenkavalier* über *Nabucco* bis hin zu *Aida*. Viele auch in gekürzter Version. Dann erzählt der Klavierspieler, der gleichzeitig Conférencier ist, die Geschichte der nicht aufgeführten Szenen. Als Chor hilft das Publikum aus. Als Sänger tritt Fleischhacker mit zwei Kollegen außerdem in einer vergnüglichen Fassung von Giacomo Puccinis *Tosca* auf oder er übernimmt in *Madame Butterfly* gleich mehrere Rollen: die des Leutnant Pinkerton und die der Dienerin von Madame Butterfly.

Schmalzbrot und Rotwein

Bevor das L.E.O. in der **Ungargasse** einziehen konnte, musste das Lokal renoviert werden. Dabei wurden an den Wänden Fresken und Zunft-Sinnsprüche freigelegt, die heute noch dem Eingangsbereich ein romantisches Flair geben. Das Buffet hingegen ist mit Seiten einer bekannten rosafarbenen Zeitung tapeziert, die gern und gut über die Aufführungen im L.E.O. schreibt. Abgerundet wird das Ambiente durch zwei imposante Ölgemälde vollkommen unbekannter Maler. Gegen eine kleine Spende kann man hier in den Pausen Schmalzbrote und Rotwein kaufen. Wie zu Maria Theresias Zeiten ist es ausdrücklich erwünscht, Speis und Trank mit in den Zuschauerraum zu nehmen. Dort stehen zehn Sesselreihen aus Gartenstühlen. Selbst in der einzigen Loge sitzt man auf Holz, allerdings umgeben von viel rotem Stoff. Das L.E.O. ist eine Einstiegsdroge für Opernskeptiker. Und eine wahre Freude für Opernkenner, die die Stücke des Belcanto schon in allen möglichen Inszenierungen gesehen haben – in Fleischhackers Fassung haben sie sie bestimmt noch nie erlebt.

107

Info

Theater L.E.O. – Letztes Erfreuliches Operntheater: Ungargasse 18, 1030 Wien. Preis: 10–35 € (je nach Veranstaltung). www.theaterleo.at

NÄCHSTE STATION HIMMELREICH

28

Wieden | Karlskirche

....

In der Karlskirche kann man bequem mit dem Lift ins „Himmelreich" fahren – und dort die Barockfresken aus nächster Nähe betrachten.

Es muss dem 70-jährigen Barockmaler Johann Michael Rottmayr schwergefallen sein, das Gerüst in der Karlskirche zu erklimmen, um ihre Kuppel auszumalen. Dennoch vollendete er den Auftrag nach fünfjähriger Arbeit im Jahr 1730. Heute ist es wesentlich einfacher hinaufzugelangen: In 46 Sekunden fährt man 33 Meter in die Höhe, von dort führen weitere 118 Stufen in das 1150 Quadratmeter große gemalte „Himmelreich". Eigentlich hätte der **Panoramalift** nur bis 2005 im Innenraum der barocken Kirche stehen sollen, damit Zuschauer die laufenden Renovierungen beobachten konnten und etwas Geld für die Arbeiten in die Kassa käme. Der Lift erwies sich aber als so gute Einnahmequelle, dass man beschloss, ihn stehen zu lassen und so zur Erhaltung der Kirche beizutragen – auch wenn es anfangs Einwände gegen die Beeinträchtigung des Gesamtbilds der Kirche gegeben hatte.

Pest und architektonische Träume

Dabei war schon der Erbauer der Kirche bei der Finanzierung des Baus kreativ gewesen. 1713, während der siebten Pestepidemie, hatte Kaiser Karl VI. gelobt, dem „Pestheiligen" Borromäus eine Kirche zu bauen, sobald Wien von dieser „Geißel Gottes" befreit wäre. Die Epidemie hatte schon 6000 bis 8000 Menschen das Leben gekostet, obwohl die Obrigkeit rigorose Maßnahmen gesetzt hatte: Infizierte wurden in abgesonderte Lazarette gebracht, Schulen und Wirtshäuser wurden gesperrt und es war zeitweise sogar verboten, in Kirchen zur Messe zusammenzukommen.

Im Februar 1714 verschwand die Pest und der Kaiser hielt Wort: Er beauftragte Planung und Bau der Kirche. Als Bauplatz wurde eine Anhöhe gewählt, die von Weingärten und Donauauen umgeben war. Den Architekturwettbewerb gewann Johann Bernhard Fischer von Erlach. Sein Entwurf sah einen 72 Meter hohen Rundbau mit Kuppel und einen Eingang in Tempelform vor, flankiert von zwei Säulen, die die Lebens- und Wundergeschichten des Pestheiligen an Reliefbändern erzählen.

108

Der Architekt hatte sich von der Süleyman-Moschee in Konstantinopel, der Trajansäule in Rom und der Säulenvorhalle des Pantheon inspirieren lassen. Die beiden Säulen sollten der Karlskirche auch den Beinamen „Hagia Sophia Wien" einbringen. Die Vermengung der architektonischen Stile entsprach dem Wunsch von Karl VI., wollte er Wien doch zum „Dritten Rom" (nach West- und Ostrom bzw. Konstantinopel, heute Istanbul) machen.

Die Kirche, die als Dank für die Erlösung von der Pest gebaut wurde, ist zugleich ein „Programmwerk des habsburgischen Kaiserstils" – man wollte mit dem Bau auch repräsentieren: Die beiden Säulen zieren zwei Gefäße mit dem kaiserlichen Doppeladler und in der Kirche wurden zwei Kaiseroratorien mit prachtvollen Wendeltreppen errichtet.

Doch wie so oft in der Monarchie waren die Staatskassen leer. Deshalb mussten sich die Kron- und Erbländer an der Finanzierung des Baus beteiligen. In einem Fünfjahresplan wurde 1718 festgelegt, welcher Teil der Monarchie wie viel zu den Baukosten beizutragen hatte.

Fischer von Erlach begann 1715 mit den Erdaushubarbeiten und 1716 legte Kaiser Karl VI. den geweihten Grundstein. 1724 war der Rohbau fertig und 1725 wurde Rottmayr mit der Gestaltung der Kuppel beauftragt. Man hatte genaue Vorstellungen, wie die Fresken auszusehen hätten: Der Namenspatron der Kirche bringt mit der Unterstützung Marias bei Gott eine Fürbitte vor. Umrahmt werden sie von Jesus, einer Schar von Engeln und Erzengel Michael. Ergänzt wurde die Szene durch Personifikationen der drei „göttlichen Tugenden", die in der Barockzeit als Garantie für den Zugang zum Himmelreich galten: Glaube, Hoffnung und Liebe. Die feierliche Eröffnung der Kirche 1737 erlebte Rottmayr nicht mehr. Er starb 1730.

In den letzten Jahrzehnten sind die **Fresken** eines der bedeutendsten österreichischen Barockmaler gereinigt und renoviert worden und zeigen sich in ihrer ganzen farbigen Pracht. Dank des Liftes lassen sich die Malereien und der Stil des Meisters – fast einzigartig – aus allernächster Nähe betrachten; nicht nur für Kunsthistoriker ein einzigartiges Erlebnis. Das angeschlossene Museum zeigt prunkvollen Zierrat, liturgische Gefäße und Gewänder aus der Barockzeit.

110

Info

Karlskirche am Karlsplatz: 1040 Wien. Montag bis Samstag 9–12:30 Uhr, 13–18 Uhr; Sonn- und Feiertag 12–17:45 Uhr. Audioguide, Eintritt in die Kirche und Liftbenutzung: 8,5 €. www.karlskirche.at

DIE KUNST DES SIMULTANEN GRANTELNS

Neubau | Beschwerdechor

29

Der Wiener Beschwerdechor sammelt in der Welthauptstadt der Raunzerei Beschwerden und formuliert sie zu Liedtexten um.

„Jetzt üben wir den krampfhaften Dauergrinser", sagt Stefan Foidl und verzieht sein Gesicht langsam zu einer Grimasse. Die etwa fünfzig anwesenden Chormitglieder ziehen bedächtig ihre Mundwinkel nach oben. Einigen gelingt bereits eine beeindruckend widerwärtige Fratze, bei anderen ist das „Gschau" wohl noch eine Spur zu lieblich.

Wie jeden Montagabend probt der **Wiener Beschwerdechor (WBC)** im Festsaal des Bezirksamtes Wien-Neubau drei Stunden lang meist mehrstimmige Lieder und Aktionskunst. Diesmal etwas unter Druck, denn die nächsten Auftritte, einer davon auf der Mariahilfer Straße, nahen. „Wir sollten das *Radlfahrernazi*-Lied dort singen", schlägt ein Mitglied spontan vor. Die Daumen gehen nach oben, das Lied wird sofort geprobt. Denn die jeweilige Performance wird stets dem Auftrittsort angepasst. Die Stadtbewohner sollen in ein paar Tagen während der Shoppingtour flashmobartig mit einer zwanzigminütigen Darbietung überrascht werden.

„Wir sind die erste Institution in Wien, bei der man sich beschweren kann", erklärt der künstlerische Leiter Oliver Hangl nach der anstrengenden dreistündigen Probe. Chorleiter Stefan Foidl nickt. Die beiden sind seit der Gründung 2010 die Masterminds des singenden Raunzervereins.

Erfolg bei den Wiener Raunzern

Das Konzept ist rasch erklärt: Die Stadtbewohner dürfen sich im Internet nach Lust und Laune ihren Ärger von der Seele schreiben. Die gesammelten Texte verwertet der WBC zum Teil als Grundlage für Liedtexte. Dazu werden die Kompositionen und Texte entweder von Foidl/Hangl selbst geschrieben, in Auftrag gegeben oder gecovert. Der Chor gibt seine Werke dann verteilt aufs ganze Jahr vor Publikum zum Besten. Entweder geplant, wie zum Beispiel auf Festivals, oder quasi überfallsartig auf öffentlichen Plätzen – zum Beispiel in der Straßenbahn oder vor ein paar Jahren beim *Bürgerforum* im ORF-Zentrum, wo sie die anwesenden Politiker mit einem Lied über Korruption aus der Fassung gebracht haben.

111

Klingt urwienerisch, die Idee. Tatsächlich wurde der erste Beschwerdechor jedoch 2005 von zwei finnischen Künstlern initiiert. Die Idee wurde mittlerweile in mehr als vierzig Städten umgesetzt, doch Langlebigkeit war den meisten Projekten nicht beschieden. Sämtliche Beschwerdechöre lösten sich nach ein paar Auftritten wieder auf. Nicht so die Wiener Raunzer: „Wir sind der langlebigste Beschwerdechor weltweit", sagt Hangl nicht ohne Stolz. Der gebürtige Oberösterreicher begann 2010 zunächst, auf einem **Blog** Beschwerden zu sammeln. Dann trat er an den Chorspezialisten Foidl heran. „Ich dachte, wenn das in der Welthauptstadt der Raunzerei nicht funktioniert, wo dann?" Gleich bei der Gründungsprobe seien 65 Leute gekommen.

Ein Ende wie in den anderen Städten ist nicht in Sicht. Der Wiener Beschwerdechor hat mittlerweile siebzig aktive Mitglieder. Einmal jährlich werden neue aufgenommen. Hohe musikalische Anforderungen gebe es an die Sänger nicht. „Wir möchten die Wiener Bevölkerung widerspiegeln. Unsere Chormitglieder kommen aus allen sozialen Schichten und Altersgruppen. Wir sind auch politisch mehrfärbig, das führt oft zu heißen Diskussionen. Aber das ist gut so, denn Leidenschaft ist das Um und Auf bei unserem Projekt."

Musikalisch reicht das Angebot von Jazz über Pop bis zum Wienerlied. „Wir haben Attwenger gecovert, aber auch die Fantastischen Vier", sagt Foidl. „Textlich reicht der Inhalt von intellektuell bis zum g'scherten Wienerisch", ergänzt Hangl.

Worüber beschweren sich die Stadtbewohner denn eigentlich am häufigsten? Hangl lacht. „Nummer eins sind noch immer unangefochten die Hundströmmerl. Ein Klassiker." Ansonsten grantelt das goldene Wienerherz auf der Beschwerde-Homepage querbeet vor sich hin. Die Lieblingsfleischerei hat zugesperrt, die Mieten sind zu hoch, das Klopapier ist aus. Oder über das Rauchverbot: „Meine Tschick dearf i ma kaufm, da Stoot vadient togtäglich a Vamögn dabei, nur rauchn dearf is ned?"

Eine Beschwerdechor-CD sei nicht in Planung, sagt Hangl. „Wir sind ein Erlebnischor. Uns sieht und hört man am besten live."

112

Wiener Beschwerdechor: Termine, Videos, Beschwerdemöglichkeiten: www.wienerbeschwerdechor.at
Probe jeweils am Montag im Bezirksamt Neubau, Hermanngasse 24–26/2, 1070 Wien

DAS BÜCHERFLAGGSCHIFF AM NEUBAUGÜRTEL

30

Neubau | Hauptbücherei Wien

Büchereien sind altmodisch und verstaubt? Vielleicht in anderen Städten. Die Wiener Hauptbücherei am Gürtel zieht hauptsächlich junge Menschen an und punktet mit der lustigsten deutschsprachigen Bibliothekarin.

„Wenn sich die Bibliothekarin des Vertrauens bückt, um ein Buch aus dem untersten Regal zu holen, bietet sich kein Blick auf fleischfarbene Stützstrümpfe, sondern auf ein Arschgeweih." Bibliothekarin Monika Reitprecht räumt in ihrem Buch *Wo stehen hier die E-Books?* in ihrer typisch humorvollen Art mit einem Vorurteil auf: Büchereien sind nicht alt und verstaubt, sondern cool und modern. Zumindest in Wien.

Reitprecht, Mitarbeiterin der **Büchereien Wien,** betreut seit 2009 den Facebook-Auftritt der Wiener Stadtbibliotheken und setzt dabei auf amüsante Schilderungen aus dem Berufsalltag von Bibliothekaren. Mit Erfolg. Die Seite wurde rund 40 000 Mal „geliked" (Stand Mai 2015) und gilt damit als erfolgreichster **Social-Media-Auftritt** einer Bibliothek im deutschsprachigen Raum. Mittlerweile wurden Reitprechts pointierte Dialoge und Erkenntnisse auch in einem Buch veröffentlicht. Hier ein paar Auszüge:

> Die *Zeit* fordert uns anlässlich der Buchmesse auf, Hunderte Buchseiten in einer Phrase zu konzentrieren.
> Bitte sehr:
> Manchmal ist Spital besser als 24-Stunden-Pflege.
> (Stephen King: *Misery*)

> Haben Sie *Die Frau ohne Eigenschaften?*
> Es wurde ohnehin höchste Zeit, dass auch Buchtitel gegendert werden.

114 Der witzige Social-Media-Auftritt steht für das junge und moderne Image der Hauptbücherei am Gürtel, die neben Büchern und Zeitschriften auch eine große Auswahl an audiovisuellen Medien anbietet: CDs, CD-ROMs, DVDs, Blu-Ray-Discs und Konsolenspiele sowie E-Books und digitale Hörbücher (zum Downloaden) dürfen mit der Büchereikarte ebenfalls aus-

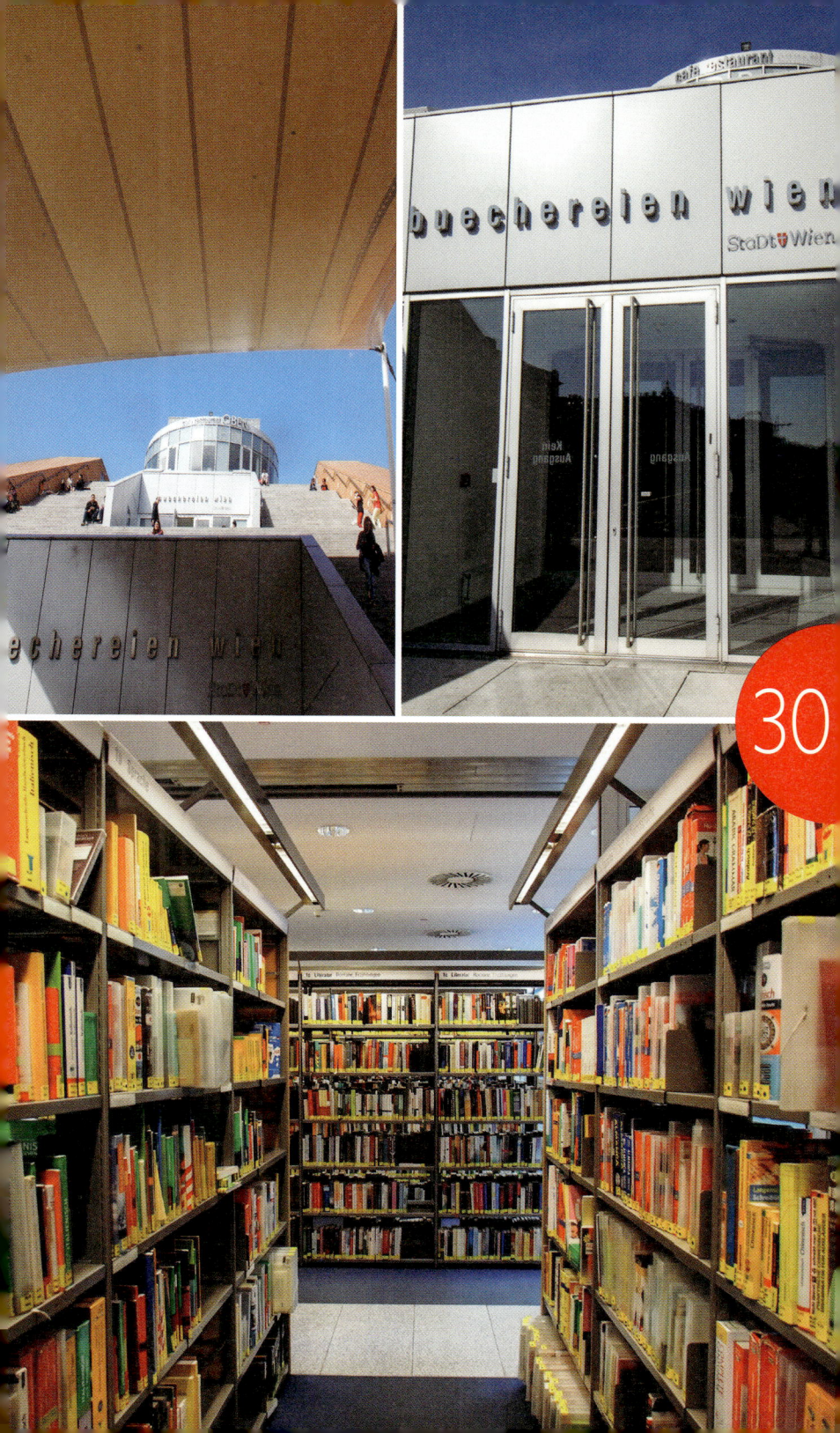

30

geborgt werden. Insgesamt mehr als 400 000 Medien sind in der Hauptbücherei erhältlich, davon ist im Schnitt jedes zweite verborgt. Würden alle Büchereibenutzer gleichzeitig das Entlehnte zurückbringen, könnte das zu Lagerungsproblemen führen. In den insgesamt 39 Zweigstellen der Bücherei Wien werden rund 1,5 Millionen Medien zum Verleih angeboten.

„Die Bücherei ist der lebenslange Begleiter des Menschen"
An einem dieser ersten schönen Frühlingstage, an denen es die meisten Stadtbewohner ins Freie zieht, ist die **Hauptbücherei am Gürtel** gut besucht. Vor allem von jungen Menschen, die ja angeblich, so hört man immer wieder, nicht mehr lesen wollen. Im Durchschnitt zählt die Hauptbücherei am Gürtel 2500 Besucher pro Tag, und mehr als drei Viertel davon sind unter vierzig Jahren. „Lesen ist und bleibt auch im Internetzeitalter eine Kernkompetenz", betont Christian Jahl, Leiter der Hauptbücherei. „Es ist uns auch gelungen, die Bücherei als Lernort zu positionieren. Studien- und Lernplätze werden immer häufiger nachgefragt." Auch ohne Büchereikarte darf man sich hinsetzen und lernen oder die vorhandenen Sprachkurse auf CD nutzen. Gleich daneben stehen die Regale mit den fremdsprachigen Büchern in rund dreißig verschiedenen Sprachen. 106 PC-Arbeitsplätze, 160 Lern- und Leseplätze, achtzehn Audio- und Videoplätze und kostenloses WLAN stehen zur Verfügung. Außerdem werden in der Hauptbücherei auch Gratis-Minikurse für Büchereikartenbesitzer angeboten. Computerbasics, das Schreiben von Bewerbungen oder Deutsch für Migranten werden unter anderem unterrichtet. „Ich sehe die Bücherei als Begleiter des Menschen im ganzen Leben", sagt Jahl.

Für die ganz Kleinen von null bis drei offeriert die Hauptbücherei die Veranstaltungsreihe „Kirangolini", in der mittels Vorlesen, Spielen und Singen das Interesse an Büchern und Sprachentwicklung gefördert wird. Es gibt zudem Lesungen, Workshops und natürlich Kinderbücher für jedes Alter und in verschiedenen Sprachen. Auch für Erwachsene werden unterschiedliche Veranstaltungen wie Diskussionen, Lesungen, Filmvorführungen und Vorträge angeboten. Der Besuch sämtlicher Veranstaltungen ist kostenlos.

Sommerkino und Café am Dach
116 Auch architektonisch ist das 2003 eröffnete Gebäude etwas Besonderes. Das Licht fällt hauptsächlich von oben in die langen Gänge, die kleinen, runden Fenster erinnern an Bullaugen auf Schiffen. Das hat der Hauptbücherei den Spitznamen „Bücherschiff" eingebracht. Steigt man die **Freitreppe** ganz nach oben, erreicht man das dazugehörige Café am Dach mit einer phäno-

menalen **Aussicht** über das Wiener Häusermeer. In den warmen Sommernächten gibt es auf der Dachterrasse ein Freiluftkino.

Baulich erweiterbar ist die Hauptbücherei nicht mehr, sie ist von allen Seiten begrenzt. Links und rechts befinden sich Fahrbahnen, vorne das Zeltdach am **Urban-Loritz-Platz** und dahinter das denkmalgeschützte **Otto-Wagner-Stationsgebäude.** Und nach oben hin gibt es eine Bebauungsgrenze.

Nachdem die alte Hauptbücherei in der Josefstadt bereits während der 1980er-Jahre an ihre räumlichen Grenzen gestoßen war, entschied sich die Politik in den Neunzigerjahren für eine Übersiedlung an den Neubaugürtel, eröffnet wurde im April 2003. „Der Standort der Hauptbücherei war auch ein bildungspolitischer Akt. Früher wurden Kulturbauten immer in der Innenstadt gebaut. Hier sind wir genau an der Grenze zwischen dem schicken Wien-Neubau und Rudolfsheim-Fünfhaus, einem Bezirk mit hoher Migrantendichte", erklärt Jahl. Das Flaggschiff der Büchereien Wien verbindet also heute einen Bobo- mit einem Arbeiter- und Migrantenbezirk. Christian Jahl ist stolz darauf: „Vor zwanzig, dreißig Jahren war die Bücherei wahrscheinlich viel uncooler als jetzt."

Info

Hauptbücherei Wien: Urban-Loritz-Platz 2a, 1070 Wien
Jahreskarte: 24 €. Kinder und Jugendliche bis 18 Jahre lesen gratis.
www.buechereien.wien.at

WO TOTE SICH FREUEN, DEN LEBENDEN ZU HELFEN

31

Alsergrund | Pathologisch-Anatomische Sammlung

Man sagt, der Kaiser sei auf dem Dachboden des Turms gesessen und habe über das Schicksal seines Reiches nachgedacht, während in den Stockwerken darunter psychisch Kranke behandelt wurden. Heute sammeln Wissenschafter im Narrenturm von Krankheiten befallene Körperteile.

Es muss ein seltsamer Anblick gewesen sein, als am 19. April 1784 auf Veranlassung Kaiser Josephs II. „Unsinnige, Wahnwitzige, Halluzinierende, Aberwitzige, Tobende, am Säuferwahn Leidende und Krätzige" aus ihren bisherigen Verwahrungsorten, meist Gefängnissen, in den gerade fertiggestellten sogenannten **Narrenturm** gebracht wurden. Die „Argen und Unreinlichen" wurden in lederne Säcke vernäht und auf Ochsenwägen überstellt.

Das ehemalige „Irrenhaus", das uns heute grausam und gruselig erscheint, war damals jedoch eine eindeutige Verbesserung der Lage für die meisten Patienten. Es war immerhin die erste Anstalt Europas, die ausschließlich zur Behandlung Geisteskranker errichtet wurde, auch wenn die Heilungsmethoden heute sonderbar anmuten: Man versuchte, durch Aderlass, Brechmittel und Ähnliches die Säfte des Körpers ins Gleichgewicht zu bringen. Die Patienten wurden nach den aktuellsten Methoden der Medizin der Aufklärung behandelt – auch wenn der Turm den Behauptungen einiger Historiker zufolge voll von alchemistischer Symbolik sein soll: Der Umfang des „Thurms mit seinen Behältern für die Wahnwitzigen" beträgt 66 Wiener Klafter – 66 steht in der arabischen Tradition für die Zahl Gottes – und pro Stock gibt es 28 Zimmer – die Zahl steht in der Kabbala für den Heilenden Gott.

Wissenschaftlich profunder ist der Nachweis des 1784 angebrachten **Blitzableiters**. Der Kaiser hatte von einem mährischen Pfarrer gehört, der an seinem Haus den weltweit ersten geerdeten Blitzableiter angebracht hatte und die Theorie vertrat, mit der „neu entdeckten Kraft" die Schmerzen von Patienten mit schwachen Strömen lindern zu können. Aus welchem Grund der Kaiser den Blitzableiter nun wirklich anbringen ließ, bleibt wohl

118

im Dunkeln – vielleicht wollte er sich auch nur selbst schützen, soll er doch oft im inzwischen verschwundenen hölzernen **Oktogon** am Dachboden des Hauses gesessen sein.

Krankengeschichten und Körperteile

Heute beherbergt der Narrenturm **eine der weltweit größten pathologisch-anatomischen Sammlungen** der Welt. Sammlungsleiter Eduard Winter hat sein kleines Büro unter dem Dach. Im Postfach liegt eine lädierte Schädeldecke zum Versand bereit. Siebenmal hat ein Hieb den Kopf getroffen, die Klinge hat tiefe Kerben im Knochen hinterlassen. Soweit man weiß, hat der Verletzte jedoch tatsächlich überlebt.

Seine Begeisterung für die Präparate hat Winter in seiner zehnjährigen Tätigkeit im Narrenturm nicht verloren. Er kennt die Krankengeschichten der allermeisten Menschen, von denen in der pathologisch-anatomischen Sammlung Arme, Lungen und Krampfadern ausgestellt sind. Die Präparate erzählen von schmerzhaften Krankheiten sowie tragischen Unfällen und faszinieren seit der Eröffnung des Museums 1971 Medizinstudenten und Besucher gleichermaßen.

Präparat Nummer eins war der Wasserkopf eines jungen Mädchens, das 1817 an einem Abszess in der Lunge verstarb. Einige Jahre später wurde das Exponat allerdings bestattet. Eines der wahrscheinlich ältesten Objekte, die noch im Turm zu sehen sind, ist das „Mädchen mit der Fischhaut", ein mehr als 300 Jahre altes Ganzkörperpräparat: „Von eingewachsenen Zehennägeln und Krampfadern über die Auswirkungen eines Hufschlags ins Gesicht bis hin zum syphilitischen Schädel und Zyklopenfehlbildungen ist alles da, was Menschen das Leben kosten kann", sagt Winter.

Schon 1811 ordnete Kaiser Franz an, dass alle Professoren von Amts wegen verpflichtet seien, instruktive Präparate zu verfertigen, alle Merkwürdigkeiten, die sich an den Leichnamen darbieten, zu sammeln und in die „Cabinette" abzuliefern. Es sollte besonders auf die merkwürdigen Stücke der Natur geachtet werden. 1918 wurde die Verordnung umformuliert und in der Wiener Sanitärordnung steht heute noch, dass jeder Patient, der verstirbt, im Krankenhaus seziert werden darf. Heute nimmt man allerdings Rücksicht darauf, ob der Patient das wünscht.

120 Die Wachsobjekte und Präparate wurden als **Lehrobjekte** angefertigt. Diese dürfen heute noch Gastforscher und Medizinstudenten untersuchen. Aber Besucher können in **speziellen Führungen** auch erfahren, welche Präparationstechniken angewandt werden und wie man Verwesungsprozesse stoppt. Oder man kann sich eine ganz persönliche Tour zusammenstellen

lassen, etwa zu Themen wie Ebola, Tuberkulose, Apothekerwesen oder auch sexuell übertragbare Krankheiten. Ehepaare, die sich von der makabren Stimmung des Narrenturms nicht abschrecken lassen, können hier sogar ihr Hochzeitsjubiläum feiern – allerdings nur im Hof.

Info

Narrenturm (Naturhistorisches Museum Wien): Spitalgasse 2, 1090 Wien. Mittwoch 10–18 Uhr, Samstag 10–13 Uhr. Zu diesen Zeiten kann die Schausammlung selbstständig besichtigt werden. Preis: 2 €.
Zusätzlich finden regelmäßig **Führungen** durch die Studiensammlung statt (Anmeldung erforderlich!). Dauer: 45 Minuten.
Sprachen: Deutsch, Englisch, evtl. Französisch bzw. andere Sprachen (nach Anmeldung). Spezialführungen nach Anfrage. Preis: 4 €.
www.nhm-wien.ac.at/forschung/anthropologie/pathologisch-anatomische_sammlung_im_narrenturm

DER KLEINE PRATER AM LAAER BERG

32

Besuchen Sie den Böhmischen Prater, damit er noch lange erhalten bleibt! Alteingesessene Schausteller kämpfen seit Jahren für den Erhalt des urigen Kleinods.

„Diese Raupe wurde im Jahr 1929 von meinem Onkel Rusniak gebaut. Otto Geissler", steht auf dem Schild eines Karussells. „Der Rudi war mein Onkel, der Otto mein Mann", sagt Henriette Geissler. Die alteingesessene Schaustellerin ist im Böhmischen Prater aufgewachsen. Die Dame ist mittlerweile um die achtzig, aber bis heute verkauft sie Tickets für ihre Ringelspiele. Sie betreibt die **Oldtimer-Bahn**, den **Minigolfplatz** und eben das **Raupen-Karussell**. „Alles einsteigen", plärrt eine blecherne Tonbandstimme. Im Gegensatz zum wesentlich teureren großen Prater kostet eine Fahrt hier ab 1,50 Euro. „Viele Mütter mit zwei, drei Kindern sind auf die billigen Apparate angewiesen", sagt Geissler. Reich werde man hier als Schausteller nicht, aber eine schönere Arbeit als im **Böhmischen Prater** könne sie sich nicht vorstellen.

Es duftet nach Grillhenderl und Zuckerwatte, im Hintergrund laufen leise Schlagermelodien. Pärchen und Eltern mit Kleinkindern schlendern Hand in Hand zwischen den Buden und Ringelspielen entlang. Im Böhmischen Prater am Laaer Berg in Favoriten gibt es keine Hochschaubahnen, lautstarke Werbung oder Neonreklametafeln wie im großen Wurstelprater. Die Schaukeln und Ringelspiele sind hauptsächlich für kleinere Kinder interessant, Erwachsene lieben die gemütlichen Gastgärten mit der rustikalen Hausmannskost. Der Wiener Ausdruck „pomali" (immer mit der Ruhe) könnte hier erfunden worden sein.

Es ist genau dieses leicht schäbige Flair, das den Charme des „kleinen Praters" ausmacht. Der Böhmische Prater ist ein Stück **Stadtgeschichte**. Hier vergnügen sich schon immer „der kleine Mann und die kleine Frau", das Großbürgertum bevorzugte den Wurstelprater. Seinen Namen hat er den „Ziegelböhm", **122** also Arbeitsmigranten aus Böhmen und Mähren, zu verdanken. Während der Monarchie schufteten sie unter harten Bedingungen in den Ziegelwerken am Wienerberg. Ihre spärliche Freizeit verbrachten sie gerne auf dem Rummelplatz am Laaer Berg beim Tanzen oder auf politischen Versammlungen. Die Wirte stellten Karussells auf, Schausteller unterhielten mit Kunststücken.

32

Panoramablick und das älteste Ringelspiel Europas

Im Böhmischen Prater steht auch das älteste Ringelspiel Europas, ein **Springpferd-Karussell.** Zeitungsartikel, die in Bilderrahmen an der Wand hängen, dokumentieren die wechselhafte Geschichte. Die Pferde wurden Mitte des 19. Jahrhunderts von Hand geschnitzt, der Kaiser wohnte 1890 der Eröffnung bei. Der Antrieb erfolgte von Hand und durch Männer, die im Keller im Kreis liefen, bis ab Anfang des 20. Jahrhunderts ein Benzinmotor verwendet wurde. Während des Zweiten Weltkriegs wurde das Ringelspiel von Bomben schwer beschädigt, später wieder restauriert.

„Ich habe das Karussell 1972 von meinen Eltern und meiner Tante übernommen", erzählt Besitzer Karl Mayer. Seit Mitte der Achtzigerjahre steht es unter Denkmalschutz. Der 61-Jährige ist wie manche anderen Schausteller auch im Böhmischen Prater geboren und aufgewachsen. „Ich bediene hier zum Teil schon die dritte Generation." Nächstes Jahr will er in Pension gehen. Leicht falle ihm das nicht, betont er. „Manchmal, wenn Kinder gerne mit dem Springpferd-Karussell fahren würden, verbieten es die Eltern mit den Worten: ‚Nein, wir fahren nicht mit dem alten Klumpert.' Da blutet mir jedes Mal das Herz."

Schausteller Franz Reinhardt arbeitet seit einem Vierteljahrhundert im Böhmischen Prater. „Hier ist es so familiär, ich lebe in einem Paradies", schwärmt er. Vom höchsten Punkt seines ungefähr zwanzig Meter hohen **Riesenrades** aus liegt dem Besucher Wien zu Füßen. Der **Panoramablick** umfasst Kahlenberg, Leithagebirge, Schneeberg und Wienerwald. Die Aussicht kann locker mit der aus dem Wurstelprater-Riesenrad mithalten.

Trotzdem, der Böhmische Prater leidet seit Jahren an mangelndem Interesse seitens der Besucher, aber auch der Politik. „Die Anbindung an den öffentlichen Verkehr ist nicht optimal. Zur Straßenbahnstation geht man bis zu fünfzehn Minuten. Und Parkplätze gibt es auch zu wenig", klagt Reinhardt. Außerdem streitet er seit Jahren mit dem Bezirk, weil es hier keine öffentliche Toilette gibt. „Der große Prater hat die Touristen, die kommen nicht zu uns." Wiener haben immer gerne den Böhmischen Prater besucht – nur früher, da waren es halt mehr. Vor dreißig Jahren, erinnert er sich, da seien die Leute an den nahen Teich baden gegangen und nachher in den Prater. „Heute fahren sie weit weg auf Urlaub." Trotzdem ist er optimistisch: „Den Böhmischen Prater wird es immer geben."

124 **Info**

Böhmischer Prater: Laaer Wald, 1010 Wien. Geöffnet von Anfang März bis einschließl. 1. November, im Sommer tägl. 10–21 Uhr (bei Schönwetter). www.böhmischerprater.at

WIENER WASSERZEICHEN

Wien wird als einzige Millionenstadt flächendeckend mit Hochquellwasser aus den Bergen versorgt und hat das kostbare Element mit einer Verfassungsbestimmung geschützt.

Frisches Quellwasser aus den niederösterreichisch-steirischen Kalkalpen bahnt sich seit dem 19. Jahrhundert seinen Weg in die Großstadt. Seine Reise beginnt in den Gebieten Schneeberg, Rax, Schneealpe (I. Hochquellenleitung) und Hochschwab (II. Hochquellenleitung) und dauert etwa 36 Stunden. Es fließt ganz ohne Pumpen, zum Teil unterirdisch, und überwindet Höhenunterschiede bis zu 360 Metern.

Das mehr als 3000 Kilometer lange Wiener Rohrnetz versorgt die Haushalte jeden Tag mit durchschnittlich 370 000 Kubikmeter Quellwasser. 1,8 Millionen Bewohner müssen nur noch ihren Wasserhahn aufdrehen, um das hochwertige Nass zu genießen.

Turm, Spielplatz und Schule

In etwa 48 Metern Höhe pfeift der Wind bei Schlechtwetter heftig, aber der Rundblick über Wien ist die kalten Ohren wert. Von der Aussichtsplattform auf dem **alten Wasserturm am Wienerberg** hat man eine ausgezeichnete Fernsicht auf Kahlen- und Leopoldsberg, Innenstadt und Donau City. Hier präsentiert die Stadt Wissenswertes rund um das kostbare Element.

Mit Zwiebeldach und Fahnenstange ist der Favoritner Rohziegelbau insgesamt 67 Meter hoch und überragt durch die Höhenlage damit den Adler auf dem Stephansdom um einen Meter. Der Turm wurde Ende des 19. Jahrhunderts errichtet, um den 10. und den 12. Bezirk mit Wasser zu versorgen. Nur ein Jahrzehnt später übernahm die II. Hochquellenleitung seine Aufgabe. Das markante Gebäude wurde nur noch fallweise in Betrieb genommen und 1956 endgültig stillgelegt. Seitdem steht es unter Denkmalschutz und **125** wird nur noch für Ausstellungen und Führungen genutzt. Wasserbehälter, Zylinder und Dachkonstruktion des Turms können dabei besichtigt werden. Darunter liegt der größte **Wasserspielplatz** Europas (15 000 m^2), der vor ein paar Jahren über den unterirdischen Wasserbehältern erbaut wurde. Ein

33

Hochstrahlbrunnen, Schwarzenbergplatz

Wasserspielplatz

Wassererlebnispfad zeigt spielerisch den Weg des Hochquellwassers von den niederösterreichisch-steirischen Kalkalpen bis in die Großstadt. Kinder können sich hier dem Thema annähern, um das wichtige Gut schätzen zu lernen. Gleich neben dem Spielplatz wird Acht- bis Vierzehnjährigen in der **Wiener Wasserschule** das Element mithilfe multimedialer Technik nahegebracht.

900 Trinkwasserbrunnen und 54 Monumental- und Denkmalbrunnen gibt es in Wien im öffentlichen Raum. Einer der schönsten ist der **Hochstrahlbrunnen am Schwarzenbergplatz** mit herrlichen Fontänen und Farbenspielen. Der Brunnen wurde aus Anlass der Inbetriebnahme der I. Hochquellenwasserleitung 1873 eröffnet und ist ein guter Platz, um in dem angenehmen Mikroklima die Wiener Hundstage besser zu überstehen.

Wiener Wasserleitungswanderweg

Um den 125. Geburtstag der I. Wiener Hochquellenleitung zu feiern, wurde 1998 der **1. Wiener Wasserleitungswanderweg** eingerichtet, der von den Toren Wiens bis zum Rax-Schneeberg-Gebiet oder zu den südlichen Weinbergen führt. Die erste Teilstrecke geht durch das Höllental von Kaiserbrunn nach Gloggnitz, die zweite von Bad Vöslau bis Mödling. Der Weg verläuft den Großteil der Strecke der Trasse der Hochquellenwasserleitung entlang. In Kaiserbrunn ist ein Abstecher ins **Wasserleitungsmuseum** empfehlenswert. Dort wurde 1973 zum hundertjährigen Jubiläum der I. Hochquellenleitung das Haus des Wasseraufsehers zu einem Museum umgebaut. Die Besucher erwarten unter anderem ein Multimedia-Raum, ein begehbarer Schaustollen und ein Kunststoffmodell des Wiener Wasserrohrnetzes.

Info

Wasserturm: Windtenstraße 3, 1100 Wien. Führungen sind kostenlos, für 8 bis max. 25 Personen. Kinder dürfen erst ab 6 Jahren teilnehmen. Bei Interesse ist die MA 31 zu kontaktieren. www.wienerwasser.at
Der **Wasserspielplatz** ist frei zugänglich und die Benutzung kostenlos.
Wiener Wasserschule: Windtenstraße, Ecke Triester Straße, 1100 Wien. Telefonische Anmeldung notwendig: 01 59959-31077
Wasserleitungsmuseum Kaiserbrunn: Kaiserbrunn 5, 2651 Reichenau an der Rax. Führungen für Gruppen ab 10 Personen, Anmeldung erbeten: museum.kbr@ma31.wien.gv.at

127

KUTSCHENFAHREN IN DER STADT DER TOTEN

34

Simmering | Zentralfriedhof

Die Fiaker in der Innenstadt werden hauptsächlich von Touristen frequentiert. Doch am Zentralfriedhof steigen mehr Wiener in die Kutsche als Gäste aus dem Ausland.

Der Wind pfeift so heftig über die Gräber, dass Christian Schuh seinen Hut festhalten muss. „Da drüben liegen Ludwig van Beethoven, Johann Strauss, Johannes Brahms, Franz Schubert. Und das Denkmal von Mozart steht auch dort." Er zeigt auf die schmucken **Ehrengräber** der großen Musiker, die gleich in der Nähe des Haupteingangs ihre letzte Ruhestätte gefunden haben.

Bereits die vierte Saison dreht der Wiener Fiakerfahrer seine Runden auf dem **Zentralfriedhof**. Vorher kutschierte er mehr als zwanzig Jahre Touristen durch die Altstadt. Hier in Simmering fühlt er sich wohler. „Ich mag diese Ruhe. Kein Verkehr, kein Lärm. Auch die Pferde sind viel entspannter." Schuhs Chef ist der Fiakerunternehmer Frank Ferdinand Paul Wulf. Der Berliner hat die Lizenz für Rundfahrten auf dem Zentralfriedhof 2012 erworben. Wulf lenkt auch selbst die Kutschen durch Europas zweitgrößten Friedhof. Dann sitzt der Deutsche im Fiaker vorne und der Wiener Gast hinten. Denn mehr als die Hälfte der Kundschaft seien Einheimische, erzählt Schuh. Denen ist es egal, mit wem sie fahren. Und die Touristen? Na ja, die würden dann doch lieber beim echten Wiener einsteigen, wenn sie die Wahl hätten.

Letzte Ruhestätte verschiedenster Konfessionen

250 000 Grabstellen, drei Millionen Tote unterschiedlichster Konfessionen und eine Gesamtfläche von 2,5 Millionen Quadratmetern, das ist der Zentralfriedhof in Zahlen. Er öffnete im Jahr 1874 im 11. Wiener Gemeindebezirk seine Pforten, um fünf städtische Vorortefriedhöfe zu ersetzen. Um die Popularität des abgelegenen Friedhofs zu steigern, wurden kurzerhand ein paar Promis wie Johann Strauss Vater (1804–1849) oder Joseph Lanner (1801–1843) aus ihren ursprünglichen Ruhestätten ausgegraben und nach Simmering verfrachtet.

128

34

Der Fiaker fährt an der Präsidentengruft nahe der prunkvollen Jugendstil-**Friedhofskirche Zum Hl. Karl Borromäus** vorbei, dann biegt die Kutsche rechts ab. Vorbei an der buddhistischen Gruppe und der serbisch-orthodoxen Abteilung geht es Richtung **jüdischer Friedhof.** „Hier sieht man nur ganz selten Menschen, die Gräber pflegen. Die Angehörigen der Toten sind ausgewandert, geflüchtet oder ausgelöscht worden. Der jüdische Friedhof ist dem Verfall preisgegeben", erzählt Schuh. Genau das macht den Charme der efeuumrankten Grabsteine aus. Die Ruhe wird hier nur vom Gezwitscher der Vögel und dem rhythmischen Pferdegeklapper des Fiakers gestört. Jüdische Friedhöfe dürfen nicht verlegt oder bebaut werden, damit die Ruhe der Toten nicht gestört wird. Das Areal ist im Privatbesitz der Israelitischen Kultusgemeinde.

Es geht vorbei an Abteilungen verschiedenster Konfessionen, Grabanlagen von gefallenen Soldaten der Weltkriege, an Ehrengräbern von Persönlichkeiten aus Politik, Kunst und Kultur. Christian Schuh macht auf Gedenkstätten und Mahnmale aufmerksam, die an schlimme Zeiten und ihre Opfer erinnern. Der Zentralfriedhof ist mit seinen wunderschönen Parkanlagen gleichzeitig ein Erholungsgebiet für die Einheimischen und mit den rund tausend Ehrengräbern ein Anziehungspunkt für Touristen. Die Fiakerrunde dauert etwa eine Stunde. Gleich nach dem Haupteingang bei Tor 2 rechts befindet sich der Standplatz. Schuh steigt von der Kutsche, nimmt seinen Hut ab, streichelt seine Pferde und zündet sich eine Zigarette an. „Ich könnte mir keine schönere Arbeit vorstellen", sagt er zufrieden.

Bestattungsmuseum und Probeliegen im Sarg

Ein paar Schritte entfernt von der Fiakerstation befindet sich das **Bestattungsmuseum,** in dem Freunde des Morbiden und Skurrilen besonders auf ihre Kosten kommen. 2013 schloss das Museum in der Goldeggasse im 4. Bezirk seine Pforten und zog auf den Zentralfriedhof.

Die Sammlung von über hundert Objekten rund um das Sterben, den Tod und die „schöne Leich" wird seit September 2014 in Simmering neu präsentiert. Unter anderem sind der wiederverwendbare Josephinische Sparsarg, ein Sitzsarg und ein Rettungswecker für Scheintote ausgestellt. Ein besonderes Highlight ist auch das Modell einer Leichentram oder der eiförmige Sarg „Cocoon". Ein spezieller Teil der Ausstellung ist ganz neu dazugekommen und widmet sich dem Zentralfriedhof.

130

Auch das „**Probeliegen im Sarg**" ist nach Simmering übersiedelt. Einmal jährlich wurde es während der Langen Nacht der Museen mit großem Erfolg im Bestattungsmuseum in der Goldeggasse angeboten. Obwohl es manche pietätlos fanden, standen viele Besucher Schlange, um einen Sarg zu testen.

Seit 2014 ist das Probeliegen nur noch im Rahmen der Langen Nacht der Stadtwerke möglich. Als der Sargtest einmal direkt im Zentralfriedhof abgehalten wurde, hätte das nicht sehr gut funktioniert, erinnert sich Andrea Rauscher, die in der Kommunikationsabteilung des Zentralfriedhofs arbeitet. „In der Goldeggasse war das überhaupt kein Problem. In Simmering wollten plötzlich viele Personen nicht mehr in den Sarg steigen. In Kombination mit dem Friedhof war es vielen Leuten doch zu morbid." Also wurde der Sargtest ab 2015 in der Langen Nacht der Stadtwerke kurzerhand auf die gegenüberliegende Seite der Simmeringer Hauptstraße in die Zentrale von Bestattung und Friedhöfe Wien verlegt, um auf die Gefühle der Besucher Rücksicht zu nehmen. Laut Klischee geht der Wiener gerne auf Tuchfühlung mit dem Tod. Aber so eng ist das Naheverhältnis dann doch wieder nicht.

Info

Fiakerunternehmen Frank Ferdinand Paul Wulf: Simmeringer Hauptstr. 230A, 1110 Wien. Keine Reservierung erforderlich, einfach beim Tor 2 in einen Fiaker einsteigen. April bis Oktober täglich außer Dienstag 10–17 Uhr. Preise: ½ Stunde 50 €, 1 Stunde 80 €. www.fiaker-wulf.at

Bestattungsmuseum: Tor 2, Simmeringer Hauptstraße 234, 1110 Wien (Aufbahrungshalle). Montag bis Freitag, 9–16:30 Uhr, Samstag, Sonn- und Feiertag geschlossen. Preis: Erwachsene 4 €, Kinder/Jugendliche bis 19 gratis. Audioguide: 6 €. www.bestattungsmuseum.at

131

SCHLOSSHERR UND KÖNIG DER SCHNITZEL

Simmering, Döbling | Schloss Concordia, Salettl! Salettl!

Der selbstberufene Altstadterhalter Friedrich Robert Falkner hat architektonische Kleinode renoviert, sie in Lokale umgewandelt und außerdem 116 verschiedene Schnitzelvarianten kreiert.

Simmeringer Hauptstraße, gegenüber dem Tor 1 des Wiener Zentralfriedhofs, zwischen Blumenständen und Steinmetzbetrieben, da liegt das **Concordia** wie ein verwunschenes Märchenschloss. „Kleine Oper Wien" wird das Lokal auch genannt. Eine fünf Meter hohe Christusstatue aus Stein ziert den Garten vor dem Eingang, in dem im Sommer die Gäste unter schattenspendenden Bäumen gerne einen Besuch am Friedhof ausklingen lassen.

Wer das Gebäude betritt, steht inmitten einer goldgelben, stuckgeschmückten Säulenhalle mit blau-weißer Glaskuppel und altem Holzboden. Die an den Wänden angebrachten Spiegel vergrößern das Lokal optisch, flackerndes Kerzenlicht als einzige Lichtquelle taucht den Raum in eine warme und gleichzeitig morbide Stimmung. Das Restaurant wird gerne für einen Leichenschmaus gebucht, aber auch für erfreulichere Ereignisse wie Hochzeiten und Taufen. Prominente gaben sich hier schon seit eh und je die Klinke in die Hand. 1988 wurde das Concordia vom populären Wiener Bürgermeister Helmut Zilk eröffnet, der Künstler Friedensreich Hundertwasser stellte hier noch im selben Jahr aus. Seitdem lasen oder sangen in dem stimmungsvollen Lokal unter anderem Axel Corti, Erika Pluhar, Hans-Joachim Kulenkampff, Fritz Muliar und Michael Heltau, um nur ein paar wenige aufzuzählen.

„Vor 27 Jahren habe ich dieses herrliche Kleinod entdeckt. Ich war schon immer auf der Suche nach architektonischen Schätzen, aber es wird immer schwieriger, welche zu finden", erzählt Hausherr Friedrich Robert Falkner. Ein selbstberufener Altstadterhalter sei er, meint er stolz. Als der Wiener das Baujuwel gefunden hatte, sei es ein heruntergekommenes Anwesen ohne Strom und Kanalanschluss gewesen. „Eineinhalb Jahre hat die Renovierung gedauert. Ich habe das Gebäude aus tiefster Liebe zu schöner Architektur gemietet, es hat ausgesehen wie ein Dornröschenschloss."

SALETTL! SALETTL!

80
Harfäckerstraße

35

Jesusstatue vor dem Concordia

Zuvor war hier der „k. u. k." **Hofsteinmetz Sommer & Weniger** untergebracht. Die Firma war auf die Herstellung von Grüften und Monumenten
spezialisiert. Im 19. Jahrhundert eilte ihr ein ausgezeichneter Ruf in der
Monarchie und im Ausland voraus. Die Niederlassung am Zentralfriedhof
wurde 1881 erbaut. Zwei Weltkriege und der Zusammenbruch des Kaiser-
reichs setzten Sommer & Weniger jedoch gehörig zu. Noch heute zeugen
im Garten hinter dem Concordia-Schlössl verstreute Gedenksteine und andere steinerne Überreste von längst vergangenen Zeiten.

Falkner verschönte das Restaurant mit alten Kleinodien, die er über die
Zeit gesammelt hatte. Das ovale Waschbecken im Damen-WC von 1873
stand ursprünglich im Pissoir der Meierei Tivoli bei Schönbrunn, von dort
stammen auch die Pendeltüren und das Relief an der Wand gegenüber der
Gartentür.

Die variantenreichste Schnitzelauswahl der Stadt, vielleicht sogar der Welt?

Das Concordia ist außerdem berühmt für seine ungewöhnlichen **Schnit-
zelvariationen**. Neben dem typischen Wiener Schnitzel, das als Leibspei-
se der Hauptstädter gilt, werden Schnitzel auch mit Semmelknödel und
Grammeln gefüllt oder mit Cornflakes paniert. Alle Kreationen werden
ausschließlich auf Silbertabletts serviert. Zur Auswahl stehen zum Beispiel das Asiatische Schnitzel, das unter anderem mit Hühnerfleisch, Wok-
Gemüse und Erdnüssen gefüllt ist, das deftige Fiaker-Schnitzel, das eine
Käsekrainer umwickelt, oder das Venezia-Schnitzel, das in eine Panier mit
Parmesan getaucht wird.

„Ich habe 116 verschiedene Schnitzelvarianten erfunden", sagt Falkner. Er
ließ sich dabei unter anderem von den kulinarischen Eigenheiten aus mehr
als achtzig Ländern, Städten und Regionen inspirieren. „Beim Kochen bin
ich Autodidakt, ich habe mir alles selber beigebracht." Einmal, da hat einer
über das Schloss Concordia geschrieben: „Dort gibt es die unbestritten besten und einfallsreichsten Schnitzelkreationen westlich des Urals." Das wollte er nicht auf sich sitzen lassen. „Da hab ich dann das Mongolische Schnitzel kreiert." Falkner lacht. Bald kann man seine Rezepte nachlesen, denn
er schreibt bereits an einem Kochbuch mit dem Arbeitstitel: „Das Wiener
Schnitzel und 100 neue Variationen." Seine außergewöhnlichen Schnitzel
wird man dann auch zu Hause nachkochen können.

Aber wahrscheinlich schmeckt das New Yorker Schnitzel im Hotdog-Style
oder das Ungarische Schnitzel, das mit Gulasch befüllt ist, sowieso im
schrägen Ambiente des Concordia besser.

134

Lusthäuschen mit Blick auf den Wienerwald

Vor 27 Jahren hat Falkner auch im Wiener Nobelbezirk Döbling ein kleines Juwel entdeckt. „Ich habe das ‚Salettl' seit 1980, vorher ist es etliche Jahre leer gestanden", erzählt er. Ein Schüler von Otto Wagner, der Architekt Friedrich Pindt, hat den achteckigen, dunkelbraun gestrichenen Holzpavillon 1932 im Art-déco-Stil erbaut. Später wurde das **Salettl** um eine Veranda und eine Gartenlaube erweitert. Das Spezielle an dem Lokal ist die traumhafte Aussicht auf die Sieveringer Weinberge und den Wienerwald, die man sowohl vom Gastgarten als auch durch die verglaste Veranda genießen kann.

Im Herbst 2010 änderte Falkner den Namen des vormaligen „Salettl" in „Salettl! Salettl!". Er wollte damit zum Ausdruck bringen, dass sein Lokal wahrhaftig ein „Salettl" sei. „Darunter verstand man früher romantische Lusthäuschen, die vor allem von Liebespaaren und Künstlern genutzt wurden. In den letzten Jahren wurden in Österreich Jausenstationen, Kioske, Diskotheken, Berghütten, sogar Ticketshops, alles Mögliche als ‚Salettl' bezeichnet", ärgert sich Falkner.

Info

135

Schloss Concordia: Simmeringer Hauptstraße 283, 1110 Wien
Salettl! Salettl!: Hartäckerstraße 80, 1190 Wien

VERSTECKTE SCHÖNHEITEN

Fernab der Touristenströme verbirgt sich im Schönbrunner Schlosspark ein geschütztes Biotop und die europaweit größte Sammlung von Zitruspflanzen. Im Schloss hingegen kann man Quadrille tanzen lernen und in den Zimmern der „Roten Erzherzogin" übernachten.

Vor hundert Jahren wäre es vollkommen undenkbar gewesen, dass Kinder durch das **Schloss Schönbrunn** toben. Das höfische Leben sah nur wohlerzogene Kinder vor. Dazu gehörte auch der Tanzunterricht. Zweimal wöchentlich unterrichteten Lehrer den kaiserlichen Nachwuchs in Ballett, Quadrille und anderen Tänzen. „Mit vier Jahren waren die adeligen Kinder bereits imperiale Dancing Stars. Sie traten bei Geburtstagsfeiern und Hochzeiten auf", sagt der diplomierte Tanzmeister und Schlossführer Eddy Franzen. Er führt heute bürgerliche Kinder und deren Eltern in die **Kunst des Quadrilletanzens** ein.

Einmal pro Monat treffen sich interessierte Kinder, Jugendliche und Erwachsene mit dem Tanzmeister in den ehemaligen Empfangsräumen Maria Theresias, den sogenannten **Weißgoldzimmern,** um es den Kaiserkindern gleichzutun. Die Nachwuchstänzer tragen historische Gewänder und üben wie Prinzessinnen und Erzherzöge. Nach etwa einer Stunde sitzen die Tanzschritte perfekt und die anfängliche Konzentration weicht wieder dem Spaß. In den gleichen Räumen ist auch das **Kindermuseum „Schloss Schönbrunn erleben"** untergebracht. Eddy Franzen fasziniert die Kinder bei einer eigenen Tour mit Alltagsgeschichten aus dem Kaiserhaus. Sie lernen, wie man eine kaiserliche Tafel deckt oder eine Perücke frisiert, und erfahren, warum dabei Maismehl unerlässlich ist, dass Panier nicht unbedingt etwas mit Wiener Schnitzel zu tun haben muss und was es mit den ausgestopften Hähnen in den Kinderzimmern auf sich hat.

136 Einige Stockwerke höher strömen Schlossbesucher durch die Dauerausstellung des ehemaligen Sommersitzes von Maria Theresia. Sie drücken sich Audioguides an die Ohren oder lauschen den Ausführungen der Guides. Drei Millionen Menschen besuchen jährlich die Prunkräume, es wird eng in den oft schmalen Gängen zwischen den kaiserlichen Appartements. Die

Zimmer laden zur genaueren Betrachtung der Malereien von Maria Theresias Lieblingstochter Marie Christine und der Zeichnungen von Kaiser Franz (Stephan) ein. Im Schlafzimmer Kaiser Franz Josephs kann man über seine Beziehung zur Schauspielerin Katharina Schratt spekulieren. Sie brachte ihm aus Wallfahrtsorten Heiligenbilder mit, die er auf den Ofenschirm des Gemachs klebte.

In der einstündigen Führung erfährt man auch, wo US-Präsident John F. Kennedy und der sowjetische Regierungschef Nikita Chruschtschow gemeinsam diniert haben, wie es dem Sohn Napoleons am Hof ergangen ist und was Kaiser Franz Joseph am liebsten gegessen hat.

Schlafen in Schönbrunn

Im Osttrakt des Schlosses wohnte die Tochter des Kronprinzen Rudolf, Marie Elisabeth, die „Rote Erzherzogin" genannt, weil sie als erste Habsburgerin Mitglied der Sozialdemokratischen Arbeiterpartei wurde. Heute kann das ehemalige **Erzherzoginnen-Appartement** als einziger Teil des Schlosses für Übernachtungen gebucht werden.

Seit 2014 können im 167 Quadratmeter großen Appartement bis zu vier Personen kaiserlich schlafen. Ihnen stehen – je nach gewähltem Paket – auch ein Butler und ein Privatkoch zur Verfügung. Die Räume sind mit Möbeln im Stil der Zeit eingerichtet und vom Bett aus eröffnet sich ein unglaublicher Panoramablick zum Neptunbrunnen, dem Kronprinzengarten, der Gloriette und dem historischen Barockgarten.

Schönbrunner Schlosspark

Seit 2004 betreut Brigitte Mang den **Garten von Schönbrunn.** Sie kennt jeden Quadratmeter des 160 Hektar großen Parks, des Großen Palmenhauses und des Wüstenhauses und weiß alles über deren Geschichte. Mehrmals jährlich spaziert sie mit Besuchern durch das Gartendenkmal und Weltkulturerbe, erklärt die grüne Architektur, entführt sie in Heckenkabinette und zeigt Teile der 170 000 Pflanzen umfassenden **botanischen Sammlung.** Noch immer werden aus den Nachfolgern der Pflanzen, die die Habsburger von ihren Expeditionen mitgebracht haben, Setzlinge gezogen. Doch das Hauptaugenmerk der Pflanzensammlung liegt heute auf der Erhaltung historischer Pflanzen – einige davon sind schon 800 Jahre alt – und der Aufzucht gefährdeter Wildarten.

138

Im erst seit einigen Jahren öffentlich zugänglichen **Kronprinzengarten** kann man nicht nur wie Erzherzog Rudolf im Schatten überwachsener Gänge spazieren gehen, sondern auch die europaweit einzigartige Sammlung von

75 unterschiedlichen, bis zu 180 Jahre alten Zitruspflanzen bestaunen. Einmal pro Jahr laden die Bundesgärten zu den Zitrustagen, mit Verkostungen und der Möglichkeit, sich selbst als Zitrusbauer zu versuchen und Pflanzen zu erwerben.

Fernab von Touristenströmen, dem großen Parterre und dem Irrgarten verstecken sich zwischen den Hecken und Alleen viele bauliche Schönheiten: die Kleine Gloriette, der Schöne Brunnen, der Engelsbrunnen und das Taubenhaus. Südlich der Gloriette verbirgt sich noch ein wahres Naturjuwel: der **Große Fasangarten**. Früher Teil des kaiserlichen Jagdgebietes, der Fasanerie, ist es heute ein geschütztes Biotop. Seit den 1950er-Jahren ist das Gebiet nicht mehr forstlich gepflegt worden und bietet so einen besonderen Naturraum. Nur bei Spezialführungen darf das sechzehn Hektar große Schutzgebiet betreten werden. Totholz, alte Eichen und mehr als hundert unterschiedliche Pflanzenarten bilden die Heimat für mehr als 200 Tierarten: Insekten, Lurche, Molche, Frösche, Fledermäuse und Schlangen, von denen viele auf der Roten Liste der gefährdeten Arten stehen.

Das Schloss Schönbrunn und der Schlosspark bieten Geschichte, Kultur und Natur in einem: Das scheinbar wohlbekannte Schloss hält auch für Einheimische so manche Überraschung bereit.

Info

Schloss Schönbrunn: Informationen zu Führungen, Kindermuseum und Anmeldung zum Quadrille-Tanzkurs: www.schoenbrunn.at, www.kaiserkinder.at
Österreichische Bundesgärten: Informationen zu Führungen, Buchung von individuellen Führungen, Patenschaften und Veranstaltungen: www.bundesgärten.at
Suite im Schloss Schönbrunn: www.austria-trend.at/suite-schloss-schoenbrunn/de/suite.asp

SPAZIERGANG ZWISCHEN DEN BAUMKRONEN

Hietzing | Tiergarten Schönbrunn

Der Tiergarten Schönbrunn präsentiert seit einigen Jahren verstärkt die heimische Flora und Fauna in Form von Natur-erlebniswegen. Ein Abschnitt führt in bis zu zehn Metern Höhe durch Baumwipfel und eröffnet ungeahnte Einblicke und Aus-sichten.

„Das ist die einzige Stelle im Zoo, von der man Schloss Schönbrunn aus dieser Perspektive sieht", sagt Tiergarten-Mitarbeiter Thomas Wampula und zeigt auf das ungewohnte **Wien-Panorama** inklusive Stephansdom und Technischem Museum. Unter den Füßen schaukelt sanft eine Hängebrü-cke, die von hohen Waldbäumen umrahmt wird. Diese Aussicht auf den Nordwesten der Stadt ist erst seit wenigen Jahren von einer Plattform des sogenannten **Baumkronenpfades** aus möglich.

Über 12,5 Millionen Besucher lockte der älteste noch bestehende Zoo im Jahr 2014 an, er liegt damit auf Platz zwei der meistbesuchten Sehenswür-digkeiten Österreichs. 123 000 Jahrestickets wurden im selben Jahr ver-kauft – ein Spitzenwert, der bestätigt, dass die einstige Menagerie immer mehr Stammgäste und damit wohl viele Wiener anzieht.

Der **Tiergarten Schönbrunn** begeistert hauptsächlich mit exotischen Tieren. Neben gefährlichen Raubkatzen und süßen Pandabären wird seit ein paar Jah-ren auch verstärkt auf das Ursprüngliche hingewiesen. Denn das Areal liegt am Ausläufer des Naherholungsgebiets Wienerwald, in dem sich auch viele frei lebende Tiere heimisch fühlen. Schließlich profitieren sie von vielen Struk-turen, wie zum Beispiel Teichen, Bäumen oder Felsen, die eigentlich für die „zuagroastn" Zoobewohner angelegt worden sind, aber von den „Ureinwoh-nern" mitbenutzt werden dürfen. Einige Quartiere sind eigens für sie konzi-piert worden. Um diese heimischen Biotope und den Wald besser kennenzu-lernen, wurden vor ein paar Jahren die Naturlehrpfade im Tiergarten angelegt.

140

Nur ein einziges Bäumchen musste für die Hängebrücke weichen

„Wir wollten den Fokus auch auf die heimische Flora und Fauna lenken", sagt Wampula. Er ist seit fast zwanzig Jahren im Tiergarten beschäftigt

37

und hat nach eigener Aussage „den schönsten Arbeitsplatz der Welt". Der ehemalige Tierpfleger war an der Planung und Umsetzung des Naturerlebnispfades maßgeblich beteiligt. Der erste Teil, **„Am Wasser"**, wurde 2008 eröffnet, der zweite, **„Im Wald"**, 2009. Letzterer, auch Baumkronenpfad genannt, führt bis zu zehn Meter über dem Boden auf einer dreiteiligen Hängebrücke durch den Wald und ist 160 Meter lang.

„Für den Brückenbau mussten wir nur einen Baum mit zwanzig Zentimeter Durchmesser fällen. Alles andere ist stehengeblieben, denn wir wollten den Wald, den wir präsentieren, natürlich erhalten", erzählt Thomas Wampula. Das ist den Tiergartenmitarbeitern gelungen: Der Pfad verschandelt die umliegende Natur nicht, sondern fügt sich schonend in die Landschaft ein. Er verläuft zwischen dem **Tirolerhof** (einem denkmalgeschützten, in Tirol abgetragenen und im Zoo wiedererrichteten alten Bauernhof) und dem **Pinguingehege** beziehungsweise der im Frühling 2014 eröffneten **Eisbärenwelt.** Weder ein Aufzug noch ein mühsamer Aufstieg sind notwendig, um die Baumkronen zu passieren, auch Kinder und ältere Spaziergänger schaffen den Weg ohne Anstrengung. An kurzen Stationen erklären Hinweisschilder den Wald und seine Bewohner knapp und pointiert. Speziell für Kinder gibt es eine Feuersalamander-Kletterwand und ein großes Trichter-Spinnennetz zum Durchkrabbeln. Um Tiere wie zum Beispiel einen Siebenschläfer, einen Dachs oder einen Fuchs tatsächlich zu sehen, braucht es etwas Glück. Dem Zufall wurde nachgeholfen, indem man die Silhouetten der Tiere einfach zwischen den Bäumen aufgestellt hat. Auch Attrappen der lange verschwundenen Räuber, wie Bären, Luchse oder Wölfe, lauern im Gebüsch. Heimische Reptilien wie Feuersalamander, Schlangen oder Unken werden am Wegesrand in Freilandterrarien präsentiert. Die ersten Sonnenstrahlen dieses Jahres locken die Tiere aus ihren Verstecken. Der Feuersalamander schläft auf einem Stein, die Hornotter zeigt ihren wellenförmig geschmückten Rücken. Die Giftschlange sei eine „Rampensau". Wampula schmunzelt. „Die ist fast immer zu sehen."

Der dritte Teil des Naturlehrpfades, **„Im Schilf"**, ist bereits in Planung. „Wir werden unter anderem Anlagen für Biber, kleine Nattern und Laubfrösche errichten." Das Konzept sei fertig, der genaue Zeitpunkt der Umsetzung steht noch nicht fest. „Auf jeden Fall in naher Zukunft."

142

Info

Tiergarten Schönbrunn: Schönbrunner Schlosspark, 1130 Wien
Um zum Haupteingang zu gelangen, betritt man den Park über das Hietzinger Tor. www.zoovienna.at

SPÄTABENDS IM WALD

38

Der Lainzer Tiergarten war früher der kaiserlichen Jagdgesellschaft vorbehalten, heute ist er ein beliebtes Naherholungsgebiet mit schönen Wandermöglichkeiten. Neben Damwild, Wildschweinen und Mufflons lassen sich dort aber auch ganz andere Tierarten beobachten.

Die Tore sind verschlossen und es ist schon finster. Nur eine rund dreißig Personen umfassende Exkursionsgruppe ist noch im **Lainzer Tiergarten** unterwegs. Die tragbaren Fledermausdetektoren knacken. Die Kegel von Taschenlampen stechen in den Himmel und suchen den Verursacher: Ein Abendsegler jagt über dem Grünauer Teich nach Insekten und sendet dabei bis zu 190 Rufe pro Sekunde aus, um seine Beute zu orten. Ein Glück, dass Menschen auf die Ultraschall-Detektoren angewiesen sind und die Geräusche nicht direkt hören: Die Schreie aus dem Detektor klingen so laut wie ein Presslufthammer.

Zu Kaisers Zeiten war es der Bevölkerung verboten, in den Lainzer Tiergarten zu gehen. Er war den Adeligen vorbehalten. 1770 erließ Kaiserin Maria Theresia ein Patent, dem zufolge Jagdgebiete abgegrenzt sein mussten, denn die umliegenden Gebiete sollten vor dem Wild geschützt werden. Ihr Sohn und Nachfolger Joseph II. ließ die dafür errichtete reparaturanfällige hölzerne „Wienerwald-Planke" durch eine 22 Kilometer lange Mauer ersetzen. Erst seit 1919 darf auch die normale Bevölkerung das 2450 Hektar große Areal des ehemaligen „Kaiserlichen Saugartens" betreten. In den Nachkriegsjahren diente der Wildbestand der Bevölkerung als Nahrung und wurde dadurch fast ausgerottet.

Fledermäuse und Liebesbäume

Doch heute leben wieder Mufflons, Hirsche, Wildschweine, Vögel und eben auch Fledermäuse im Tiergarten. Die Zoologin Birgit Rotter veranstaltet **143** für das Forstamt der Stadt Wien spezielle **Fledermausführungen,** bei denen man spätabends den immerhin zwanzig verschiedenen Fledermausarten nachspürt und dabei allerlei Wissenswertes über die Handflügler erfährt. Ideale Hangplätze finden Fledermäuse im „Urwald" am Johannser

Kogel. Dieses als „Naturdenkmal Nr. 478" geführte siebzig Hektar große „Naturwaldreservat" ist seit Jahrhunderten von menschlichen Eingriffen größtenteils verschont geblieben. Erhalten blieb der Wald nur, weil in den kaiserlichen Kassen nie genug Geld war, um ihn ökonomisch zu nutzen. Die letzten Eingriffe in dem Gebiet mit bis zu 400 Jahre alten Eichen stammen aus den 1970ern, auf den Bäumen ist noch die Schlagmarkierung zu erkennen. Doch zu dieser Zeit machte auch der aufkommende Umweltschutz den Bestrebungen endgültig den Garaus.

Förster Gerhard Prenner und seine Kollegen in der MA 49 – Forstamt und Landwirtschaftsbetrieb der Stadt Wien – veranstalten mehrmals jährlich Führungen im Gebiet und erklären das Ökosystem Naturwald. Verschiedene Baumgenerationen von Eichen, Eschen, Buchen und Unterholz, wie zum Beispiel Brombeersträucher, sowie Totholz bilden den Lebensraum für verschiedene seltene Tierarten wie Siebenschläfer oder Hirschkäfer.

Zu sehen gibt es unter anderem auch die **„Liebesbäume"**, eine Eiche und eine Buche, die seit Hunderten von Jahren eng umschlungen in den Himmel wachsen.

Mitten im Naturwaldreservat steht außerdem eine 500 Jahre alte Eiche, die **„Kaisereiche"**, benannt nach dem japanischen Regenten Akihito, der anlässlich seines Wien-Besuches 2002 den „Urwald" besuchte. An seinen Besuch erinnert auch ein Gedenkstein auf der Baderwiese. Von hier aus hat man, nach schweißtreibendem Aufstieg, einen **wunderbaren Blick auf Wien**. Die dabei verlorene Flüssigkeit kann man in einem der drei Gasthäuser im Tiergarten wieder zuführen.

Villa im Wald

Ein besonderes Schmankerl ist die **Hermesvilla:** Man munkelt, Kaiser Franz Joseph habe in die Staatskassa gegriffen, um Kaiserin Sisi ein von der Öffentlichkeit abgeschottetes Schloss bauen zu lassen. Zu Baubeginn 1882 gab es Schwierigkeiten mit den Arbeiten, Material verschwand und so mancher nutzte die Arbeitszeit, um Wildschweine zu jagen.

Heute kann man die vom Wien Museum verwalteten Räumlichkeiten besichtigen, in denen Sisi etwa ihre Turnübungen machte. Auch in das Schlafzimmer der Kaiserin führt der Rundgang. Sie zog es übrigens vor, statt im **145** Bett lieber auf einer Matratze nahe dem Fenster zu schlafen, um den Sternenhimmel zu sehen.

In einem Nebengebäude der Hermesvilla ist die MA 49 untergebracht. Neben dem Lainzer Tiergarten werden von ihr auch die Erholungswälder

Maurerwald, die Steinhofgründe, der Schwarzenbergpark und viele weitere Erholungsgebiete vom Kahlenberg bis zum westlichen Wienerwald verwaltet.

Info

Führungen im Lainzer Tiergarten: Besucherzentrum Hermesstraße, 1130 Wien. Öffnungszeiten je nach Jahreszeit!
Fledermausführung: Treffpunkt: Nikolaitor, Nikolausgasse/Himmelhofgasse, 1130 Wien. Die genauen Zeiten werden bei der Anmeldung bekannt gegeben. Dauer: ca. 2,5 Stunden. Preise: Erwachsene 10 €, Kinder (6–15 Jahre) 5 €. Anmeldung: Tel.: +43-1-40 00-492 00. www.wien.gv.at/umwelt/wald/erholung/lainzertiergarten/freizeit/fuehrungen
Hermesvilla: Lainzer Tiergarten, 1130 Wien. Palmsonntag bis Allerheiligen Dienstag bis Sonntag und Feiertag 10–18 Uhr. Die Hermesvilla schließt 30 Minuten vor Torsperre des Lainzer Tiergartens (spätestens 18 Uhr). Herbst/Winter: Eingeschränkte Öffnungszeiten. Preise: Erwachsene 6 €, Kinder und Jugendliche unter 19 Jahren frei. www.wienmuseum.at/de/standorte/hermesvilla.html

BREMSBERG

39

Der Patentanwalt Charles H. Duell behauptete 1899, dass „alles, was man erfinden kann, schon erfunden worden ist". Er lag falsch. Einen eindrucksvollen Beweis erbringt das Technische Museum auf 22 000 Quadratmetern.

Um 1900 brach in Wien ein Museumsboom aus. Unzählige Museen wurden geplant, ein „Wiener Volksmuseum", ein „Kaiser-Franz-Josef-Museum", ein „Importmuseum" und eben auch das „Technische Museum". Der Techniker Wilhelm Exner hatte schon zum 40. und 50. Thronjubiläum des Kaisers Franz Joseph die Jubiläums-Gewerbeausstellung in Wien kuratiert. Sein Traum war es aber, ein „Technisches Museum für Industrie und Gewerbe" zu bauen. Ausgerechnet die fehlende Finanzierung der „Kaiser-Jubiläums-Ausstellung" zum 60. Thronjubiläum brachte ihn der Realisierung seines Planes näher. Statt der Ausstellung zu Ehren des Kaisers sollte ein Museum errichtet werden.

Doch Exners Plan steckte zunächst in der Bürokratie fest: Man konnte sich nicht auf den Namen des Museums einigen, es gab Streitigkeiten über die Subventionierung und die Baukommission musste aus 24 vorgelegten Plänen auswählen. Erst nach diversen royalen Interventionen konnte der Kaiser 1909 den Grundstein zum heutigen Technischen Museum legen. Die Eröffnung 1918 erlebte er nicht mehr. Obwohl Exner nicht der Direktor seines Museums wurde – er leitete bis zu seinem Tod im Jahr 1931 dafür den österreichischen TÜV –, wacht seine Büste heute über das Museum mit seinen mehr als 100 000 Exponaten auf 22 000 Quadratmetern. Darunter befinden sich zum Beispiel die älteste Lokomotive Europas, mehrere Satelliten und ganze Stahlkocher, weiters Stadtmobiliar wie die einzigartige **Wiener Würfeluhr.**

Dieser Designklassiker wurde vom Uhrenreferat des Stadtbauamtes und der Firma Schauer entwickelt – die „richtige" Zeit zu wissen, war um 1900 noch **147** keine Selbstverständlichkeit. 1907 wurde der Prototyp an der Kreuzung Opernring/Kärntner Straße aufgestellt. Bis heute prägen die 74 Würfeluhren das Wiener Stadtbild. Die Geschichte dieser einzigartigen Uhren im öffentlichen Raum erfährt man im Museum ebenso wie jene der öffent-

lichen Pissoirs mit ihren „Schamwänden" oder den Sinn der öffentlichen Personenwaagen.

Spannung und Bergbau

Zwei Stockwerke darunter gibt es eine „elektrisierende" Abteilung: Im **Hochspannungsraum** kann man sich vom Van-de-Graaff-Generator die Haare zu Berge stehen lassen.

Der Faradaysche Käfig schützt allerdings die Frisuren der Besucher genauso wie vor den meterlangen Blitzen des Tesla-Transformators. Die Idee des Erfinders, elektrische Energie drahtlos zu übertragen, funktionierte nicht gut, dafür kann der Trafo im Technischen Museum „musizieren": Die Elektrizität erzeugt Druckschwankungen in der Luft, die als Schallwellen hörbar sind. Der Trafo „spielt" den *Radetzkymarsch,* den *Donauwalzer* oder Songs der Rolling Stones. Die Blitze dienen dabei quasi als Lautsprecher.

Neben dem Hochspannungsraum verbirgt sich hinter einem Fabrikstor Europas ältestes **Schaubergwerk.** Schon bei der Gründung mitgeplant, können Besucher in den rund hundert Meter langen, detailgetreu nachgebauten Stollen „einfahren" und die unvorstellbaren Arbeitsbedingungen in einem Bergwerk nachempfinden. Es ist eng, es ist heiß und es ist laut – vor allem, wenn die Bergwerksführerin die druckluftbetriebenen Originalmaschinen und Alarmsirenen einschaltet oder den Hunt über den Bremsberg rasen lässt.

Um die Weiterentwicklung des Bergbaus auszustellen, wurden in wochenlanger Kleinarbeit die in den 1950er- und 1970er-Jahren benutzten Maschinen zerlegt, in den Stollen getragen und dort wieder aufgebaut. Noch heute funktioniert die Maschinerie tadellos. Bei der 45-minütigen Führung erfährt man auch, was es bedeutet, wenn Holz „singt", warum Kumpel Kanarienvögel in die Stollen mitnahmen und was es mit der Gezähekammer auf sich hat.

Medien und Alltag

In den Stockwerken weiter oben versuchen sich Besucher im originalgetreu nachgebauten ZiB-Studio als Nachrichtensprecher. In der Musikabteilung suchen sie nach dem Vorläufer des Synthesizers, dem Mixtur-Trautonium. Kinder strampeln mit Gokarts durch die Mini-Mobilwelt und **149** Erwachsene informieren sich in der Ausstellung „Alltag – eine Gebrauchsanweisung" über die Evolution des Staubsaugers, des Bügeleisens und der Badewannen. Wer schwindelfrei ist, hat im obersten Stockwerk sogar die Möglichkeit, einen Ballonkorb zu besteigen – aber einer der Gründe,

warum man unbedingt bis unters Glasdach hochsteigen sollte, ist die neue Ausstellung „Mobilität", die die Verkehrsgeschichte veranschaulicht. Im Eingangsbereich gibt es außerdem eine High-Speed-Rutsche mit Geschwindigkeitsmessung.

Info

150

Technisches Museum Wien: Mariahilfer Straße 212, 1140 Wien. Bergwerksführungen: Montag bis Freitag 10:15 Uhr, Samstag, Sonn- und Feiertag 13:15 Uhr. Hochspannungsraum: Tägliche Vorführungen, Montag bis Freitag 11:15 Uhr. www.technischesmuseum.at

DAS DORF IN DER STADT

Penzing | Sargfabrik

40

Die Sargfabrik in Penzing ist Österreichs größtes selbstverwaltetes Wohnprojekt. Auch für Externe besteht die Möglichkeit, Kommunenluft zu schnuppern.

Vor einem Vierteljahrhundert wollten ungefähr dreißig Leute aus verschiedenen Wohngemeinschaften in Wien eine Utopie zur Realität werden lassen: Gemeinschaftlich zusammenleben, sich selber organisieren, quasi ein Dorf mitten in der Großstadt schaffen. Sie verliebten sich in ein paar Backsteinbauten in Penzing und erschufen Österreichs größtes selbstverwaltetes Wohnprojekt, die **Sargfabrik,** die 1996 eröffnet wurde. Der Name kommt daher, dass die Wohnhäuser auf dem Areal der ehemals größten Sargtischlerei der Monarchie gebaut worden sind. Der Schlot der Fabrik steht heute noch.
Der Verein für Integrative Lebensgestaltung (VIL) ist gleichzeitig Grundeigentümer, Bauherr, Betreiber der Wohnanlage und Vermieter. Vereinsmitglieder sind die Bewohner, deren Rechte und Pflichten ein interner Vertrag regelt. Etwa 240 Menschen haben sich in den 120 Wohneinheiten der Sargfabrik niedergelassen und teilen sich den üppigen Dachgarten, einen Teich, einen Hühnerstall sowie Seminarraum, Bibliothek, Partyraum und Gemeinschaftsküche. Damit es friedlich bleibt, gibt es ein internes Schiedsgericht für soziale und organisatorische Konflikte und ein „Salzamt" für Streithanseln. „Die Idee ist, dass die Bewohner mehr Qualität haben als in anderen Wohnungen. Wer bei uns auf dreißig Quadratmetern lebt, kann trotzdem zwanzig Leute zum Essen einladen", erklärt Sargfabrik-Urgestein Rainer Tietel. Er lebt seit neunzehn Jahren in dem Wohnareal in der Goldschlagstraße. Das Konzept scheint aufzugehen, denn kaum jemand zieht freiwillig wieder aus. „Es gibt fast keine Fluktuation. Man kann sich auf eine Liste setzen lassen, aber die Chancen, dass man eine Wohneinheit bekommt, sind ziemlich gering."
Was hingegen allen jederzeit offensteht, sind die **Veranstaltungen des Kulturhauses Sargfabrik.** In einem Saal finden regelmäßig Konzerte (Weltmusik, Singer/Songwriter und Jazz), Theateraufführungen und Feste statt. Zudem gibt es ein Restaurant mit Gastgarten, vor dem jeden Donnerstag ein Fischmarkt abgehalten wird. Im Montessori-Kindergarten gibt es ebenfalls Plätze für den Nachwuchs von Externen. Wer das nicht mehr ganz

151

40

Whirlpool im Badehaus

moderne, aber durchaus reizvolle Kommunen-Feeling in der Sargfabrik wirklich miterleben möchte, kann zudem Badegeselle werden.

Das Badehaus der Sargfabrik

„Ich schwöre, Sauna und Whirlpool, Schwimmbecken und Tepidarium zu schätzen, zu pflegen und zu bewahren, auf dass sie lang leben und Freude spenden", rezitiert Bademeister Walter Urbanek aus dem Badegesellen-Schwur, der nach erfolgter Einschulung auf eine Muschel, die im Whirlpool zu Wasser gelassen wird, geleistet werden muss. Wer über einen längeren Zeitraum eine Mitgliedschaft im Badeclub haben will, hat viele Rechte, aber auch ein paar Pflichten.

Das **Badehaus in der Sargfabrik** wird von den Mitgliedern selbst verwaltet und erfordert Verantwortung für sich selbst und seine Gäste. Im Gegenzug kann man die kleine, aber feine Infrastruktur nutzen, und zwar 24 Stunden, sieben Tage die Woche. Eine finnische Sauna mit Sternenhimmel, ein kleiner Pool mit Gegenstromanlage, ein Massageraum und eben das Tepidarium und der Whirlpool stehen den Gesellen quasi rund um die Uhr zur Verfügung. Eine weitere Besonderheit im Gegensatz zu anderen Hallenbädern: Ob FKK oder Badekleidung ist egal, es gibt keine Kleidervorschriften.

Rainer Tietel kümmert sich um die Administration des Badehauses, während Walter Urbanek für die technischen Belange zuständig ist. „Wir haben zurzeit 470 Badehausclubmitglieder", erzählt Tietel. „500 sind die Obergrenze."

An manchen Tagen steht das Badehaus allen, an manchen nur bestimmten Gruppen wie Frauen oder homosexuellen Männern offen. Die günstigste Variante für Nichtmitglieder ist das Mondscheinbaden, ein spezielles Angebot für Nachtschwärmer. Am Vormittag gibt es Babyschwimmkurse. Zusätzlich kann man die Räumlichkeiten für Partys mieten. „Junggesellenabschiede wollen wir aber nicht", sagt Tietel. „Um ehrlich zu sein, am liebsten sind uns chillig feiernde Frauen. Gemischte Gruppen sind oft viel zu laut und lassen manchmal einen ziemlichen Saustall zurück."

An eine besonders rührende Geschichte kann sich Tietel auch erinnern: „Einer alten Dame wurde von ihrem Arzt ein Besuch im Tepidarium verschrieben. Sie kam hierher und war so begeistert, dass sie das Altersheim verließ und zu uns gezogen ist. Sie hat bis zu ihrem Tod hier gelebt und ist völlig aufgeblüht. In ihren letzten Lebensjahren hat sie bei uns eine neue Heimat gefunden." **153**

Info

Sargfabrik: Goldschlagstraße 169, 1140 Wien. www.sargfabrik.at

DER NACHTWÄCHTER VON OTTAKRING

41

Ottakring | Grätzelspaziergang

Auch die Bezirke außerhalb des Gürtels haben historisch viel zu bieten. Zum Beispiel der 16., der im Laufe der Geschichte ganze dreizehn Mal zerstört und wieder aufgebaut wurde. Beim Nachtwächter-Rundgang wird Wissenswertes über Ottakring kurzweilig dargeboten.

Heute ist Ottakring die Wiener Hochburg des Bieres, doch früher war der Weinbau die Haupteinnahmequelle der Bewohner. Rund um 1800 gab es im damaligen Unter-Ottakring, dem heutigen Neulerchenfeld, 150 verzeichnete Häuser. 103 davon hatten eine Ausschankberechtigung. „Die Gegend galt als das größte Wirtshaus des Heiligen Römischen Reiches", erzählt der **Nachtwächter von Ottakring,** alias Gerhard Spitz, amüsiert. Der ehemalige Unternehmer ist ein waschechter Ottakringer und hat nach seiner Pensionierung ein Jahr lang historische Bücher über seinen Heimatbezirk gelesen und allerlei Wissenswertes zusammengetragen.

Seit ein paar Jahren bietet Spitz in den Frühlingsmonaten an mehreren Mittwochabenden einen eineinhalbstündigen **Rundgang durch Alt-Ottakring mit anschließendem Heurigenbesuch** an. Dabei trägt er ein historisches Nachtwächterkostüm samt Laterne und Hellebarde. „Bis zum Jahr 1000 gab es hier nur Wälder und Wiesen. Dann haben sich ein paar Bauern zusammengefunden und Ottakring gegründet. Alle Familien samt Gesinde zusammengerechnet waren das vielleicht achtzig Menschen."

Das älteste Haus, das es auf der Tour zu sehen gibt, wurde 1804 erbaut. „Ottakring ist 1835 abgebrannt. Darum gibt es hier keine wirklich alten Gebäude", sagt Spitz. Obwohl es regnet, sind rund fünfzehn Personen gekommen. Über mangelndes Interesse könne er sich nicht beklagen.

Aus dem Dorf wurde eine Hochburg der Arbeiterrevolten

154 „Insgesamt dreizehn Mal wurde Ottakring zerstört und wiederaufgebaut", weiß Spitz. Abwechselnd setzten Räuberbanden, Seuchen, Hochwasser, Brände oder die Türken dem Wiener Vorort im Laufe der Jahrhunderte einmal mehr und einmal weniger zu. Der Nachtwächter trägt die ereignisreiche Geschichte an verschiedenen Stationen vor. „1766 war die erste Volks-

41

zählung." Ottakring war damals noch immer nur ein Dorf rund um einen Bach, es hatte in etwa 600 Einwohner. „Im Bezirksmuseum kann man ein Modell bewundern", empfiehlt er.

Bis zum 18. Jahrhundert war Ottakring von Feldern, Hügeln und Weinbergen bedeckt, bis die Industrielle Revolution frühen Einzug hielt. Fabriken und Arbeiterunterkünfte entstanden und die Bevölkerung wuchs rasant. Mitte der 1840er-Jahre hatte sich die Einwohnerzahl verzehnfacht und war auf mehr als 6000 Menschen angewachsen.

Während dieser Zeit war Ottakring eine Hochburg der Arbeiterrevolten, die aber von kaiserlichen Truppen niedergeschlagen wurden. „Die Leute hatten damals eine 97-Stunden-Arbeitswoche. Meistens teilten sich drei Leute ein Bett, das waren die sogenannten Bettgeher", erzählt der Nachtwächter. „Der Braumeister der bekannten Ottakringer Brauerei hatte einen 16-Stunden-Tag, neben seinem Arbeitsplatz lag eine Matratze." Eine harte Zeit sei das gewesen.

Auf dem Rundgang erfahren die Teilnehmer unter anderem noch, warum der **Wilhelminenberg** seinen Namen der Sturheit eines liebenden Gatten verdankt und offiziell eigentlich Gallitzinberg heißt, wann die erste Straßenbahn nach Ottakring gefahren ist und dass der größte Wiener Gemeindebau der Zwischenkriegszeit im 16. Bezirk steht.

Auf die Frage, ob ihr der Spaziergang mit dem Nachtwächter gefallen habe, antwortet eine Teilnehmerin: „In Wien dreht sich meistens alles um die Innenstadt. Dabei haben auch die Bezirke außerhalb des Gürtels eine wechselhafte Geschichte, nur hört man die nie. Ich finde diese Tour toll, so etwas sollte man in mehr Grätzeln anbieten."

Info

Nachtwächter-Touren: Eine Aktion des Einkaufstraßenvereins Alt-Ottakring, veranstaltet werden Touren von Mai bis Juni, derzeit drei verschiedene Routen. Preis: 10 € pro Person. Die Einnahmen kommen karitativen Zwecken zugute.

Treffpunkte und Termine: www.einkaufsstrassen.at/einkaufsgebiete/16-ottakring/alt-ottakring/der-nachtwaechter-in-alt-ottakring/

FRIEDHOFSTRIBÜNE

Hernals | Wiener Sportklub

Es gibt eine Mannschaft in der Regionalliga Ost, die bei ihren Spielen mitunter mehr Zuschauer hat als so manches Bundesligaspiel. Der Wiener Sportklub in Hernals ist eine Mannschaft mit großer Vergangenheit – und einer Fankultur, in der sich auch Nicht-Fußballfans auf Anhieb wohlfühlen.

Herr Leo ist eigentlich nicht abergläubisch, aber sicherheitshalber zieht er zu wichtigen Spielen seinen schönen Armani-Anzug an. Dieser bringe seinem Team, dem **Wiener Sportklub**, Glück, vermutet er. Dabei sieht er die Spiele gar nicht, sondern er hört sie nur, weil sein Arbeitsplatz in den Katakomben des Stadions liegt. Herr Leo ist der wahrscheinlich bestgekleidete und höflichste Toilettenmann Wiens.

„Das ist mein Reich", sagt er und meint die Sanitäranlagen im Bauch der renovierungsbedürftigen **„Friedhofstribüne" am WSC-Platz.** Fan ist er seit 1998. Damals sah er ein Match gegen Eisenstadt. „Wir haben 4:1 verloren und die Leute warfen Schlüssel und Regenschirme auf das Spielfeld. Ich dachte mir, zu diesen schlimmen Leuten will ich."

Fankultur

Dabei muss es sich wohl um einen Einzelfall gehandelt haben, denn seit den 1980er-Jahren hat sich in Dornbach eine ganz eigene Fankultur entwickelt, die auch Neulingen gegenüber sehr offen und tolerant ist. Angelehnt an den englischen Support-Stil verzichtet man auf Vorsänger, einstudierte Hymnen, Blockfahnen, vorgegebene Choreografien und in Vereinsfarben uniformierte Fans. Die **Fans** der „Friedhofstribüne", wie der Zuschauerbereich wegen des nahen Dornbacher Friedhofs genannt wird, sind „Freunde des Fußballspiels, die ihre Verantwortung als Individuum nicht am Eingang abgeben, ihr Gesicht nicht in der Masse verstecken wollen und nicht Teil einer anonymen Menge sind", sagt der Marketingverantwortliche des WSK, **157** Matthias Kandler. Für ihn ist der WSK trotz seiner „andersartigen" Fankultur ein ganz normaler Fußballverein, der den FIFA-Regeln entsprechend um Auf- und gegen Abstiege kämpft. Aus gegnerischen Mannschaften werden jedoch keine Feinde gemacht, die man vernichten oder diskrimi-

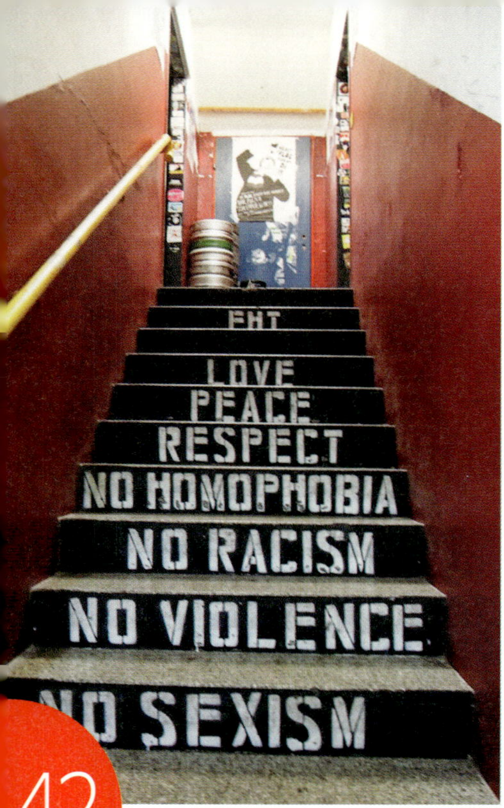
FHT
LOVE
PEACE
RESPECT
NO HOMOPHOBIA
NO RACISM
NO VIOLENCE
NO SEXISM

Sonntag 31. MAI 2015 ab 10:00
Wiener Sport-Club Platz - 17., Alszeile 19

42

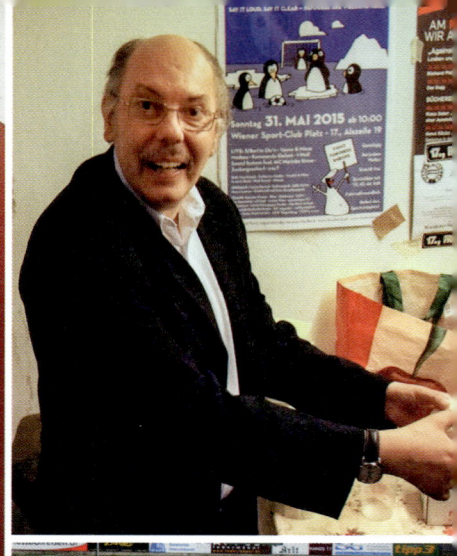

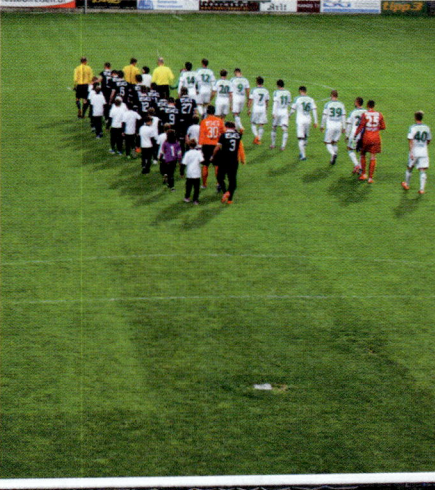

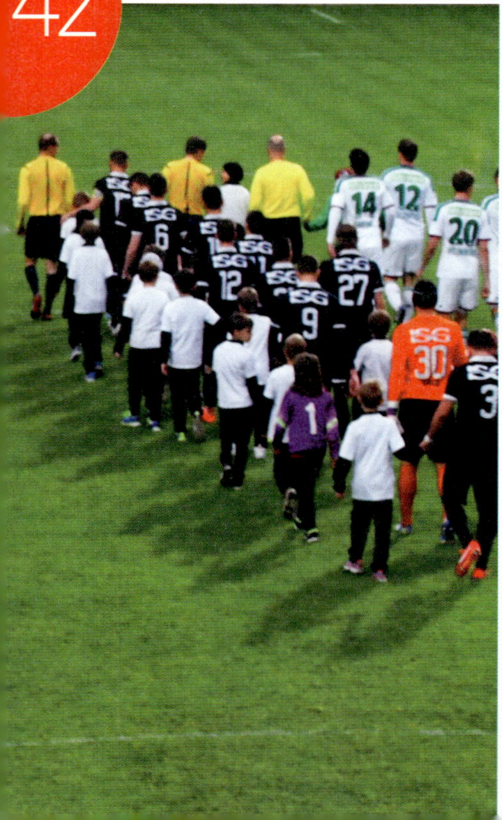

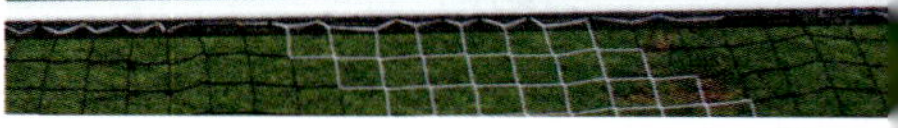

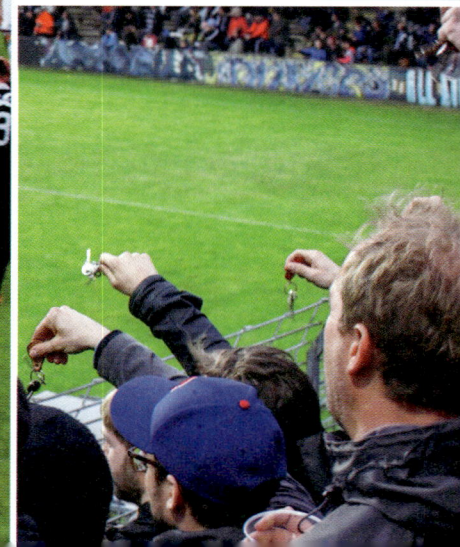

nieren muss. Die Anhänger drücken ihren Unmut gegen Entscheidungen des Schiedsrichters allenfalls mit einem liebevollen „Geh Schiri" aus – und auch bei verlorenen Spielen wird der gegnerischen Mannschaft mit einem kräftigen Applaus Respekt gezollt.

Vor jedem Heimspiel plaudern sie in der **„Gastro-Meile"** vor dem Stadion bei Bio-Käsekrainer und Bier, informieren sich an Ständen über soziale Projekte und erfragen bei den Vertretern von Dornbach-Networks, wie es um die Sponsoren des WSK steht. Um den Verein zu unterstützen, wird die Werbefläche über der Nummer auf den Trikots verlost: Um 500 Euro können Privatpersonen, Fangruppen oder Unternehmen mitspielen, der Gewinner darf sich aussuchen, was in der kommenden Saison auf der Rückseite der Spielertrikots stehen wird.

Der Verein, der momentan in der Regionalliga Ost zu Hause ist, hat immerhin zwei offizielle **Unterstützerorganisationen:** seit 2002 die „Anhängervereinigung", die jährlich einen gemeinsamen Urlaub der WSK-Fans organisiert, und den 1991 gegründete Verein „Freund_innen der Friedhofstribüne". Auf den Stufen zum Vereinslokal „Flag" steht klar, wofür sie stehen: Love, Peace, Respect, no homophobia, no racism, no violence und no sexism. „Antifaschistisch sind wir auch", sagt einer der Fußballfans.

Die rund 350 Vereinsmitglieder sind aber viel mehr als nur organisierte Fußballfans. Sie engagieren sich in sozialen Projekten: Seit 2009 veranstalten sie jährlich den „Ute-Bock-Cup" zur Unterstützung des Flüchtlingsprojekts von Ute Bock, der 2015 unter dem Motto „Say it loud, say it clear, Refugees are welcome here" steht. Sie sind auch Teil der Organisation „Fußballfans gegen Homophobie" und lassen mitunter Luftballons in Regenbogenfarben steigen. Sie engagieren sich bei der „Offensive gegen Rechts" und sind Gründungsmitglied von „Fans against Racism in Europe".

Doch im Mittelpunkt steht der Fußball – momentan in der Regionalliga Ost. Dafür ist der Sportklub jener mit den meisten Zusehern der Liga. Durchschnittlich kommen fast 2000 zu den Spielen. Sie hören seit siebzehn Jahren die Ansagen von Österreichs einzigem blinden Platzsprecher, Roland Spöttling. Zwei „Freund_innen" der Friedhofstribüne berichten ihm, was am Spielfeld passiert, und er übersetzt es in wunderschöne Wiener Wuchteln.

Die Fans auf den Stehplätzen der Friedhofstribüne singen Song-Klassiker, Ohrwürmer und Wiener Lieder mit eigenen Texten, wie gesagt, ohne **159** Choreografie und Einpeitscher. Ganz ohne Rituale kommen die WSK-Fans dann doch nicht aus: Bei Standardsituationen ziehen sie ihre Schlüssel aus der Hosentasche und schütteln sie – nach dem Motto: „Jetzt klingelt es gleich im Kasten."

Auch wenn es zeitweise nicht so aussieht: Geklingelt hat es schon oft im Tor. Mitte der 1950er-Jahre spielte die Mannschaft in der höchsten Liga und blieb 41 Spiele lang ungeschlagen, zwischen 1957 und 1959 verloren sie in zwei Saisonen hintereinander nur ein einziges Spiel und wurden zweimal österreichischer Meister. Die berühmte Fünfer-Angriff-Formation mit Erich Hof schoss 1958 in einem legendären Spiel sogar Juventus Turin mit 7:0 vom Platz und stellte einen bis heute nicht eingeholten Rekord auf: Es war der höchste Sieg einer österreichischen Mannschaft gegen einen europäischen Spitzenverein im Europacup. Nach dem Ende seiner aktiven Karriere trainierte Erich Hof die Elf und selbst im Tod ist er dem Sportklub verbunden geblieben: Sein Grab liegt gleich hinter der Friedhofstribüne.

„Derby of Love"
Beim Derby of Love treffen der Wiener Sportklub und der First Vienna FC aufeinander. Bis zu 8000 Zuschauer lassen sich die Matches nicht entgehen. Beschrieben werden das Derby of Love und all die anderen WSK-Angelegenheiten im ältesten Fußballfanzine Österreichs, dem ursprünglichen „Schwarz auf Weiß", heute „alszeilen". Das Kabarett-Duo Gebrüder Moped kündigt in der Kolumne „Jausengegner" (fußballerisch für einen schlechten Gegner) die nächsten Spiele an und zeichnet stets mit dem WSK-Chant: „Come on, Sportklub!"

Anmerkung
Es gibt für den Sportklub zwei konkurrierende Schreibweisen: Der Verein hieß früher Sportclub und war seit 1904 Mitglied des Allround-Sportvereins „Wiener Sportclub". Finanzielle Gründe machten es nötig, den Klub aus dem Sportverein auszugliedern – er durfte allerdings nicht mehr gleich heißen wie der ehemalige Dachverein. Daher lautet der Mannschaftsname heute „Wiener Sportklub" (mit K). Eine Wiedervereinigung mit dem ehemaligen Mutterklub steht jedoch im Raum.

160

Info

Wiener Sportklub/Flag: Sportclub-Platz, Alszeile 19, 1170 Wien.
www.wienersportklub.at

„DA STEHT ER, DER ‚EINGESTÜRZTE' BAU"

Döbling | Karl-Marx-Hof

Im Waschsalon Nr. 2 des Karl-Marx-Hofes wird immer noch Wäsche gewaschen. Wannen- und Brausebäder gibt es zwar keine mehr, stattdessen wird dort eine ganz besondere Periode der Stadtgeschichte gezeigt.

Er ist mächtig und er ist lang. Der Karl-Marx-Hof erstreckt sich über eine Länge von mehr als tausend Metern und bietet rund 3500 Menschen eine Wohnung. Er gilt als das wichtigste Wahrzeichen des „Roten Wien", der sozialdemokratischen Bauphase der 1920er- und beginnenden 1930er-Jahre. „Wenn wir einst nicht mehr sind, werden diese Steine für uns sprechen", sagte der damalige Bürgermeister Karl Seitz bei der feierlichen Eröffnung des drittgrößten Gemeindebaus Wiens im Jahr 1930. Er sollte recht behalten.

Die Wohnanlage wurde nach den damals neuesten Erkenntnissen gebaut, so hatte etwa jede Wohnung fließendes Wasser und ein Klosett, was bis dahin keine Selbstverständlichkeit war. Außerdem gehörten zum Komplex Wäschereien, eine Zahnklinik, eine Mutterberatungsstelle, eine Bibliothek, eine Apotheke und ein Jugendzentrum.

Viele dieser Institutionen sind verschwunden, allerdings gibt es heute dafür ein hauseigenes Museum, den **Waschsalon Nr. 2.** Hier lässt sich alles über diesen ganz besonderen Teil der Wiener Stadtgeschichte erfahren.

Neuer Wohnraum

In der Zwischenkriegszeit hatte sich die schon katastrophale Wohnsituation durch die Kriegsversehrten und die steigende Arbeitslosigkeit in Wien nochmals verschärft. Hunderttausende Menschen lebten in winzigen, aber sehr teuren Wohnungen ohne Wasser und Toiletten.

1923 beschloss die sozialdemokratische Stadtregierung daher, bis 1928 25 000 neue Wohnungen in ganz Wien zu bauen. Nachdem dieses Vorhaben bereits 1927 erfüllt war, wurde ein zweites Wohnbauprogramm be- **161** schlossen.

Der **Karl-Marx-Hof,** „eine Stadt in der Stadt" mit 1382 Wohneinheiten, wurde von Otto-Wagner-Schüler Karl Ehn auf einem sumpfigen Grundstück in Heiligenstadt geplant. Bald kam es deshalb zu baulichen Schwierigkeiten, was

43

die konservative Tageszeitung *Reichspost* veranlasste, von „katastrophalen Baumängeln" zu berichten, die zu einer Absenkung des Gebäudes geführt hätten. Die Kritik war nicht ganz unberechtigt, die Bauherren fanden aber eine Lösung: Teile des Superblocks stehen nun – wie Venedig – auf Pfählen.

Als Bürgermeister Seitz den Bau am 14. Oktober 1930 vor Tausenden Menschen eröffnete, titelte die *Arbeiter-Zeitung*: „Da steht er, der ‚eingestürzte Bau'" und nannte den Hof ein „würdevolles Denkmal", ein „Wahrzeichen des neuen Wien, an dem niemand vorbeigehen kann".

Bei einem Spaziergang durch den Karl-Marx-Hof erkennt man an den Details noch die ideologischen Hauptsäulen des „Roten Wien": Vier Keramikstatuen im Hof symbolisieren Bildung, Hygiene, Kinderfürsorge und politische Befreiung. Der sogenannte „Ehrenhof" (heute „12.-Februar-Platz") zeigt, dass man außerdem viel Wert auf Grün- und Freiraum gelegt hat. Nur achtzehn Prozent der Grundfläche wurden verbaut.

Waschsalon Nr. 2

Die Journalisten Lilli und Werner T. Bauer erkannten, dass in der reichen Museumslandschaft Wiens eines fehlte: ein **Museum für das „Rote Wien"**. In jahrelanger Kleinarbeit haben sie im ehemaligen Waschsalon Nr. 2 im Karl-Marx-Hof ein Museum eingerichtet, das anhand von mehr als 400 Objekten die Zeit vom Beginn dieses „einzigartigen gesellschaftspolitischen Experiments" über den Austrofaschismus bis zum „Anschluss" Österreichs an Hitlerdeutschland im Jahr 1938 dokumentiert.

Zweimal pro Woche öffnen die Museumsmitarbeiter die Türen zum ehemaligen Waschsalon und laden Besucher zu einer Zeitreise ins letzte Jahrhundert ein. Bei den Führungen erzählen sie nicht nur von den großen Ereignissen, sondern wissen auch so manch unterhaltsames Detail zu berichten, wie über die sogenannten „Wahlwindeln", den „Kopf" Ferdinand Lassalles oder die „Breitner-Steuern" des damaligen Finanzstadtrates Hugo Breitner, der unter anderem die Wohnbau- und Luxussteuern einführte. Nach zwei Stunden Museumsrundgang weiß man auch, warum in den Arbeiterbüchereien keine Bücher von Karl May zu finden waren und wie eine Gemeindewohnung im Karl-Marx-Hof ausgesehen hat.

Info

Waschsalon Nr. 2: Halteraugasse 7, 1190 Wien. Führungen: Donnerstag 13–18 Uhr, Sonntag 12–16 Uhr. Führungen für Gruppen nach Vereinbarung. www.dasrotewien-waschsalon.at

AUF SOMMERFRISCHE IN DER GROSSSTADT

44

Donaustadt, Floridsdorf | Alte Donau

Wer den Sommer in Wien verbringt, muss nicht auf Urlaubs-feeling verzichten. Die Alte Donau bietet außergewöhnliche Erlebnisse: Mondscheinfahrten, Reiher und Biber beobachten oder mit dem Drachenboot über das Wasser gleiten.

Weniger als eine halbe Stunde dauert es, um mit der U-Bahn vom Zentrum der Stadt an die **Alte Donau** zu gelangen. Mit Inseln und Halbinseln, künst-lich aufgeschütteten Stränden, verwilderter Flora und abwechslungsreicher Fauna, nostalgischen Häusern und einer beeindruckenden Skyline von mo-dernen Hochhäusern bietet das etwa acht Kilometer umfassende Freizeit-paradies einen eindrucksvollen Kontrast zur Innenstadt.

Neben dem ständigen Angebot von etwa 5000 Segel-, Tret- und Ruderboo-ten und vierzig Gastronomiebetrieben gibt es noch zusätzliche Highlights. Das *Radio-Wien-Lichterfest* zieht jedes Jahr im Hochsommer Tausende von Besuchern an. Vom Ufer aus beobachten sie die Boote und venezia-nische Gondeln, die mit bunten Lampions geschmückt im Wasser treiben. Der Höhepunkt der Veranstaltung ist das anschließende Feuerwerk.

Von Mai bis August verlängern die **Bootsvermieter** in den Vollmondnächten ihre Öffnungszeiten. Meist sind es Paare, die mit einer Flasche Prosecco im Dunkeln auf dem Binnengewässer herumschippern. Auch Feste kann man auf dem Wasser feiern. Auf durchaus leistbaren Partybooten werden die Passagiere kulinarisch verwöhnt, das Angebot ist vielfältig. Der langjährige Bootsvermieter-Betrieb „Schinakl" setzt zum Beispiel seit 2014 auf „begrün-te" Elektroboote, die er mit dem Slogan „Kommen Sie auf die Insel!" bewirbt.

„Die Hitze der Stadt ist im Sommer brutal", sang schon Rainhard Fendrich. Wenn „die Blassen zu den städtischen Kassen" strömen, sind die Freibä-der oft heillos überfüllt. Im **Straßenbahnerbad**, dem Strandbad der Wiener **164** Linien an den Gestaden der Alten Donau, ist dann meist immer noch genug Platz. Das Bad gilt deshalb als Geheimtipp. Ein Besuch steht natürlich jedem offen, nicht nur Öffi-Mitarbeitern. Auch im angeschlossenen Selbstbedie-nungsrestaurant „Zum Straba" ist in dem schattigen Gastgarten direkt am Wasser fast immer ein freier Tisch zu finden.

Im Wasserpark

Da nimmt man sich vor, Superlative nach Möglichkeit zu vermeiden, jetzt muss es trotzdem sein: Der **Floridsdorfer Wasserpark** an der Alten Donau ist der schönste Park Wiens. Das ist selbstverständlich eine völlig subjektive Aussage, für die es keinen Beweis gibt. Es stimmt aber trotzdem. Basta. Oder sieht man sonst in einer städtischen Parkanlage mal so nebenbei einen Biber vorbeischwimmen? Eben. Der Wasserpark besteht zu einem Drittel aus Wasserflächen, über die kleine Brücken im japanischen Stil führen. Von bunten, wellenförmigen Liegen aus kann man verschiedene Vogelarten wie Möwen, Schwäne und Graureiher beobachten, die hier einen Nistplatz gefunden haben. Weil durch den Hubertusdamm warmes Donauwasser in das Gewässer sickert, friert es im Winter nicht völlig zu und eignet sich daher für Tiere auch als Winterquartier. Zusatz-Goodie: Für Sportbegeisterte gibt es eine kleine Anlage mit Fitnessgeräten für den Muskelaufbau. **165**

Mit dem Drachenboot auf der Alten Donau

Neben Schwimmen, Segeln, Surfen, Kajak- und Kanufahren oder Stand Up Paddling kann man auf der Alten Donau seit ein paar Jahren auch einer hierzulande ausgefallenen Sportart nachgehen: dem Drachenbootfahren. Das **Drachenbootfahren** ist in seinem Geburtsland China eine weitverbreitete und traditionelle Massensportart, in Österreich jedoch eine Randsportart, die nur von ein paar Vereinen ausgeübt wird. Der größte davon, die *Vienna Dragons,* ist auch gleichzeitig amtierender österreichischer Meister. Der Verein wurde 2012 gegründet, die mehr als dreißig Mitglieder trainieren bis zu drei Mal pro Woche auf der Alten Donau.

Laut Obmann Helmut Bienstock freue sich der Verein weiterhin über Zuwachs, für die Aufnahme gebe es kaum Anforderungen. „Wir haben zwei Mädchen im Volksschulalter, die trommeln, und unser ältestes Mitglied ist über sechzig. Auch ein Blinder ist schon mitgefahren, der hat sich an den Geräuschen orientiert. Wichtig ist nur, dass man teamfähig ist und Spaß an der Sache hat."

Beim Drachenbootfahren sitzen zwanzig Paddler in Zweierreihen im schmalen Boot, ein Drachenkopf schmückt den Bug, ein Drachenschwanz das Heck. Am Bug schlägt ein Trommler den Takt, am Heck steht der Steuermann, hält Kurs und gibt Kommandos.

Die *Dragons* trainieren auch im Winter. „Da sind wir aber nur einmal in der Woche auf dem Wasser, die restliche Zeit trainieren wir indoor in der Kraftkammer", sagt Bienstock. Die Motivation der Mitglieder sei höchst unterschiedlich: „Manche kommen dreimal pro Woche, andere einmal im Monat." Die *Dragons* besitzen zwei Boote, im großen ist neben Steuermann und Trommler Platz für zwanzig Paddler, im kleinen für zehn. „In Österreich fährt man hauptsächlich Kurzstreckenrennen, das sind 250 Meter, ein typischer Sprint. Ein voll besetztes Boot wiegt ungefähr zwei Tonnen, die muss man erst einmal in Schwung bringen. Deshalb ist das Wichtigste beim Drachenbootfahren das Gemeinsame, der gleiche Rhythmus."

Info

Alte Donau im 22. Bezirk: www.alte-donau.info
Schinakl Bootsvermietung: Auzinger Boote, Laberlweg 19, 1220 Wien
www.meine-insel.at
Restaurant Zum Straba: Dampfschiffhaufen 7, 1220 Wien
www.zum-straba.at
Floridsdorfer Wasserpark: Am Nordbahndamm, 1210 Wien
www.wien.gv.at/umwelt/parks/anlagen/wasser.html
Drachenbootsportklub Vienna Dragons: Florian-Berndl-G. 16, 1220 Wien
www.dragonboat-vienna.at

DONAUINSELRUNDFAHRT MIT DEM RAD

45

Die Donauinsel hat eine Länge von 21 Kilometern. Wer sie umrundet, legt eine Marathonstrecke zurück und entdeckt auch als Wiener Überraschendes und Unbekanntes.

Pro Jahr zieht es jeden zweiten Wiener zumindest einmal auf die Donauinsel. Der 21 Kilometer lange und bis zu 250 Meter breite Landstreifen ist das **beliebteste Naherholungsgebiet der Hauptstädter.** In der Mitte ist die künstliche Insel ein Freizeitparadies, im Norden und Süden befinden sich schützenswerte Naturlandschaften.

Die **Reichsbrücke** ist der willkürlich gewählte Ausgangspunkt für diesen „Rad-Marathon". Von dort fahren wir stromabwärts vorbei an der „**inselinfo**", bei der man viel Wissenswertes über die Donauinsel erfährt. Nebenan gibt es einen **Wasserspielplatz**, einen magischen Ort für die Kleinen. Auf fast 5000 Quadratmetern stauen Kinder Bäche, balancieren über Hängebrücken, befördern mit einem Windrad Wasser auf die Spitze eines kleinen Berges oder überqueren einen Teich mit einer Seilfähre.

Ein paar Kilometer weiter liegt gegenüber an der Neuen Donau zwischen Ostbahnbrücke und Steinspornbrücke eine der beiden **Grillzonen,** die zweite befindet sich bei der Brigittenauer Bucht. Grillen ist dort kostenlos, während für die Benutzung der sechzehn Holzkohlegrillplätze, die im Naherholungsgebiet verteilt sind, eine kleine Gebühr eingehoben wird. Die Plätze sind dennoch so begehrt, dass es ratsam ist, bereits im Jänner oder Februar für den Sommer zu reservieren.

Wildwasserarena und Daubelfischer

Weiter südlich, direkt bei der Steinspornbrücke, hat der Elektrizitätskonzern Verbund 2013 Österreichs ersten künstlichen Wildwasserkanal, die **Wasserarena,** errichtet. Das Wasser für den 250 Meter langen Parcours wird aus der Neuen Donau gepumpt. Die Strecke ist im Gegensatz zur **167** freien Natur so wandelbar, dass sie für unterschiedlichste Sportarten wie Rafting, Kanufahren oder Wildwasserschwimmen geeignet ist.

Ein paar Pedaltritte weiter wird es beschaulich. Das nahe Ufer der Donau säumen schwimmende Fischerhütten mit ihren „Daubeln", quadratischen

Netzen. Einer der Fischer lädt zu Erfrischungsgetränken und erzählt von einem Wels, den er vor Kurzem aus der Donau gezogen hat und der ihn längenmäßig überragte. Fischerlatein nennt man das. „Ich habe diese Hütte seit 37 Jahren und komme Sommer wie Winter hierher. Ich kann mir keinen schöneren Ort vorstellen", schwärmt er. Von seiner Hütte aus kann man die buddhistische Friedenspagode auf der Festlandseite sehen. Die Bedarfsschifffahrt Franz Scheriau übersetzt auf Anfrage Passagiere und Fahrräder, führt aber auch Nostalgiefahrten durch. Die ANA wurde 1894 gebaut und soll das älteste noch funktionstüchtige Schiff auf der Donau sein.

Nach der kurzen Pause bei dem Daubelfischer geht es vorbei an einem dschungelartigen Kleinod, das von Fröschen, Graureihern, Eulen und Bibern bevölkert wird. Der „Tote Grund" ist eine äußerst lebendige Ökozelle, die unter Naturschutz steht. Üppige Flora wuchert um ein rund einen Kilometer langes und bis zu 200 Meter breites Gewässer.

Kurz nach dem idyllischen Auwaldrelikt thront unübersehbar das **Wasserkraftwerk Freudenau** im Flussbett, von dessen Zentralwerk aus neun Donaukraftwerke gesteuert werden. Damit die Fische weiterhin ungestört auf Wanderschaft gehen können, wurde für die Tiere ein Aufstieg errichtet, um das von Menschenhand erbaute Hindernis zu überwinden. Geheimtipp für Gourmets: Angeblich wächst im Mai und Juni rund um das Kraftwerk wilder Spargel.

Schwäne, Freikörperkultur und Kirschenhain

Rund um das Kraftwerk beginnt die südliche **FKK-Zone**. Den Nudisten stehen insgesamt mehr als acht Kilometer lange Areale zur Verfügung, um an ihrer nahtlosen Bräune zu arbeiten. Die Bereiche sind durch Bodenmarkierungen gekennzeichnet. Hungrige und durstige Pedalritter und Skater machen in dieser Gegend gerne einen Abstecher in die urige „Rad- und Wanderschenke". In dem Selbstbedienungsbeisl werden Getränke und Speisen angeboten, die preismäßig eher im Würstelstand- als im Lokalbereich angesiedelt sind. Nach einer Rast strampeln wir zum südlichsten Punkt der Donauinsel, um dann auf der anderen Seite zurück Richtung Norden zu radeln.

Kurz nach der **Walulisobrücke,** die die Donauinsel mit dem Hubertusdamm verbindet, stoppen wir bei einer Ansammlung von Schwänen, die im Wasser tauchen oder am Land herumwatscheln. Sonnenanbeter und Freizeitsportler haben sich zusammengerottet, um das tierische Schauspiel zu beobachten.

Weil die Donauinsel heute ein Synonym für Freizeitgestaltung ist, vergisst man beinahe, dass sie anfänglich aufgeschüttet wurde, um die Stadt vor Hochwas-

168

45

Der „Tote Grund"

ser zu schützen. Die Bedeutung der Donauinsel für Wien lässt sich vielleicht so zusammenfassen: besser Sommerschlapfen als Gummistiefel. Bevor wir den nördlichsten Punkt der Insel erreichen, legen wir noch einen Zwischenstopp ein. Nach der Jedleseer Brücke befindet sich ein **Kirschenhain,** der die österreichisch-japanische Freundschaft symbolisieren soll. Zwischen 150 Kanzan-Kirschbäumen, die jedes Jahr Ende April karmesinrote Blüten tragen, platzierten japanische Künstler 2002 hundert Granitskulpturen.

Das Highlight der letzten Etappe ist die **Aussicht auf Kahlenberg und Leopoldsberg.** Am nördlichsten Zipfel der Insel wäre es nicht mehr weit nach Klosterneuburg. Wir kehren um und fahren wieder Richtung Reichsbrücke, Start und Ziel des Marathons. Fährt man die Strecke ohne Zwischenstopps, braucht ein sportlicher Mensch etwa eineinhalb Stunden. Unser Trip hat fast dreimal so lange gedauert. Es kommt darauf an, ob das Ziel Ausdauertraining oder der Weg das Ziel ist.

Info

Donauinsel: Alle Infos unter www.donauinsel.wien.at

170 **Info-Center „inselinfo" auf der Donauinsel:** 1220 Wien. Öffnungszeiten: Mai bis September, Mittwoch, Freitag, Samstag und Sonntag, 12–18 Uhr. **Grillplatzreservierung:** Stadt Wien, MA 45 – Wiener Gewässer www.gewaesser.wien.at

MIT DEM BOOT IN DEN DSCHUNGEL WIENS

Von Frühling bis Herbst fährt täglich ein Boot von der Wiener Innenstadt in die Donau-Auen. Natur- und Graffitifans kommen gleichermaßen auf ihre Kosten.

In den warmen Monaten tuckert jeden Tag das **Nationalpark-Boot** von einer Anlegestelle bei der Salztorbrücke bis in die Lobau. Es fährt vorbei an den Praterauen, der Freudenau, dem Ölhafen Lobau, wo der Donaukanal in die Donau mündet, passiert den Alberner Hafen und legt nach einer Stunde Fahrzeit im **Nationalpark Donau-Auen** an. Dort empfängt Guide Hans die Passagiere, um mit ihnen einen kleinen Teil des Nationalparks zu durchstreifen.

Biber haben sich hier nach ihrer gelungenen Wiederansiedelung ihren Lebensraum eingerichtet und gestalten die Au nach ihren Bedürfnissen. Dadurch sieht es hier schon etwas urig aus. Verwaltet und betreut wird die Lobau von der MA 49 – Forstamt und Landwirtschaftsbetrieb der Stadt Wien. „Wir machen keine Baumschlägerungen, nur entlang der offiziellen Wege entfernen wir kranke Bäume, damit keine Besucher gefährdet werden", erklärt Hans. Die quakenden Frösche übertönen ihn fast, die Gelsen summen leise im Hintergrund. Er zeigt uns Sumpfschildkröten, die hier in Tümpeln leben, und erzählt von den Zeiten, als der Kaiser und sein Hof die Lobau als Jagdrevier nutzten. Von damals stammt wahrscheinlich die Überlieferung, dass die Hirsche jedes Jahr am 18. August das erste Mal röhren, um die Brunftzeit einzuleiten. „Das war der Geburtstag von Kaiser Franz Joseph I.", erklärt Hans.

Die **Lobau,** die Wildnis am Stadtrand von Wien, ist eine der letzten intakten Auenlandschaften Europas. Sie umfasst mit der Oberen und der Unteren Lobau circa 3000 Hektar und ist seit 1996 der Wiener Teil des Nationalparks Donau-Auen. Um die 5000 Tierarten leben hier. Neben der vielfältigen Fauna und der üppigen Flora ist sie auch für die „Nackerten" bekannt. Einige Nudisten kommen den Sommer über täglich in den Wasserwald, wie die Lobau auch genannt wird, der Großteil von ihnen badet rund um die Dechantlacke.

171

46

Der Donaukanal als Freiluftgalerie

Die Rückfahrt dauert wegen der Strömung fast doppelt so lange wie die Hinfahrt. Das ist gut so, denn der Weg ist das Ziel. Szenerien und Bilder ziehen vorbei. Ein Graureiher sitzt entspannt in der Wiese. Die Tangenten-Brücken schlängeln sich elegant in den Himmel. Die Frau in der lässigen Daubel-Fischerhütte winkt ausgiebig. Und der **Donaukanal** präsentiert sich als lang gezogene Leinwand für **Graffitikünstler.**

An den Wänden leuchten überdimensionale Monster, Comicfiguren, Tiere und freche Botschaften in unterschiedlichen Sprachen. Bunt. Frech. Kreativ … und auch illegal. Abgesehen von ein paar Ausnahmen. Die Stadt Wien bietet im Rahmen des Projekts „Wiener Wand" dreizehn Flächen in der Stadt als legale Sprühflächen an, die mit einer Taube gekennzeichnet sind. Eine davon befindet sich neben dem „Flex" am Donaukanal.

Info

Nationalpark-Boot: Legt von 2. Mai bis 26. Oktober tägl. um 9 Uhr am Donaukanal ab. Einstiegstelle: Salztorbrücke. Die geführte **Wanderung durch die Lobau** ist gratis.
Preise Bootsfahrt: Erwachsene 11 €, Kinder 5 €.
Anmeldung unter: nh@ma49.wien.gv.at; www.wald.wien.at
Nationalpark Donau-Auen: www.donauauen.at
Graffiti: Informationen über legale Graffitiflächen in Wien:
www.wienerwand.at

173

„BARONIN VON SCHÖNHÄUSL"

Wiener Bedürfnisanstalten

47

Ein Berliner rettete 1883 die Wiener Luft. Er errichtete in Wien „Anstandsorte", von denen einige heute unter Denkmalschutz stehen. Zu ihrer Erhaltung tragen Menschen mit dringenden Bedürfnissen bei. Eine etwas andere Art von Sehenswürdigkeiten.

Man kennt es: Je dringender das Bedürfnis ist, umso weiter ist die nächste Toilette entfernt – auch wenn Wien eine hohe Dichte öffentlicher Bedürfnisanstalten in U-Bahn-Stationen, Bahnhöfen und Parks aufweist. Was uns heute selbstverständlich erscheint, war freilich nicht immer so. Vor zweihundert Jahren gab es noch keine „Anstandsorte", das Geschäft wurde auf der Straße verrichtet oder man winkte sich ambulante „Buttenmänner" bzw. „Buttenweiber" heran, bei denen man die Notdurft auf einem Eimer sitzend verrichten konnte, während man in einen großen Mantel gehüllt von den Blicken der Passanten geschützt wurde. Doch die Stadt wuchs – im 19. Jahrhundert wurde Wien immerhin zu einer der größten Städte der Welt – und mit ihr die Klagen über Gestank und Verschmutzung. Ärzte mahnten zu mehr Hygiene, es gab Klagen über „manches Attentat auf die Geruchsnerven".

1822 erließ die Polizei ein Dekret, in dem „Urinirplätze" festgelegt wurden. Die Stadtregierung verfügte, dass alle Gast- und Kaffeehäuser ihre Aborte Passanten kostenlos zur Verfügung stellen müssen, allein: umsonst. Die Stadt sah sich sogar gezwungen, zwei Wärter anzustellen, um die Verunreinigung der Ringstraßen-Alleebäume durch frischen Harn zu schützen. Schließlich beschloss die Stadt, öffentliche Pissoirs aufzustellen, die aber nach heftiger Kritik durch die Anrainer wieder abgebaut wurden. 1863 ernannte die Stadtregierung endlich eine „Pissoir-Kommission", die konkrete Vorschläge zur Lösung des Problems erarbeiten sollte.

Die Rettung der Wiener Luft kam aus Berlin. Der deutsche Kaufmann Wilhelm Beetz erhielt nach jahrelangen Verhandlungen 1883 die Erlaubnis, in Wien öffentliche Bedürfnisanstalten zu errichten. Kurz darauf verschickte er schriftliche Einladungen zur Besichtigung des ersten Klosetts für Damen und Herren. Sogar die Zeitungen berichteten darüber: „Wiens Neubauten sind um ein interessantes Objekt vermehrt worden", meldete das Neue

174

47

Wiener Tagblatt. In den folgenden Jahren wurden in ganz Wien weitere **öffentliche Toilettenanlagen,** teils mit eleganter Innenausstattung, errichtet und von „Wartefrauen" betreut.

Wartefrauen

Eine der Wartefrauen ist sogar zu **literarischen Ehren** gekommen: In den vergnüglichen *Memoiren einer Wartefrau um 1900 in Wien* erzählt die Klofrau Wetti Himmlisch, bekannt als „Baronin von Schönhäusl", von ihren Erlebnissen als „Fachfrau von einschlägigen Seelenvorgängen", von der „Popolitik" bis zu ihrem „Schönheitssalon", den sie in der Bedürfnisanstalt eingerichtet haben will: Damen konnten sich bei ihr mit Brennschere, Ondulationseisen, Puder und Schminke auffrischen lassen. Dass Wetti Himmlisch wohl das Pseudonym des Journalisten Vincent Chiavacci war, tut dem Vergnügen der Lektüre keinen Abbruch – das Buch wurde vom Verlag als „lustigstes Buch der Gegenwart" angepriesen und erschien 1908 immerhin in der dritten Auflage.

Dabei war das Leben der Wartefrauen gar nicht so vergnüglich: Bis zu sechzehn Stunden pro Tag, sieben Tage die Woche mussten sie die Anlagen sauber halten, über jeden zahlenden Toilettenbesucher eine Quittung ausstellen und den Gästen der I. Klasse auch Kämme, Seife sowie einzelne, von Hand geschnittene Papierblätter überreichen. Zudem wurde schon damals durch an den Türen befestigte Zählvorrichtungen sichergestellt, dass die Frauen auch sämtliche Einnahmen abführten.

Bis in die Gegenwart

Einige der Wiener Klos sind noch im Originalzustand erhalten, stehen heute unter Denkmalschutz und sind nach wie vor in Betrieb: wie die **Jugendstil-Toilette am Graben.** Zwei Laternen markieren die Eingänge, über Stufen gelangt man in eines der elegantesten WCs der Stadt. Der Boden ist verfliest, die Decken sind vertäfelt, die Trennwände und die Schiebetüren aus Eichenholz, die Armaturen aus Messing und die Toilettensitze sogar aus Teakholz. Ursprünglich gab es im Vorraum des Damen-WCs sogar ein Aquarium.

Eine Tageszeitung ließ sich dazu hinreißen, die Toilette am Graben als unterirdischen, eleganten Erholungsraum zu bezeichnen. Jedenfalls, so wird **176** behauptet, sei sie die älteste unterirdische Toilette der Welt. An der Wand hängt heute noch ein Faksimile der Patentschrift für das von Beetz erfundene „Urinol": eine Ölflüssigkeit, die er in den von ihm erfundenen wasserlosen Pissoirs benutzte, um den Uringeruch zu bekämpfen. Beetz' Erfindung liegt übrigens auch modernen Trockenurinalen zugrunde.

Oberirdisch situiert ist die öffentliche Anlage am **Parkring**. Unter dem Dach sind gläserne Bänder aus Jugendstilornamenten eingelassen, die besonders bei Sonneneinstrahlung ein elegantes Farbspiel ergeben. Eine Tür kündigt selbstbewusst Örtlichkeiten I. und II. Klasse an – die erste Klasse beinhaltete die Möglichkeit, sich die Hände zu waschen. Heute darf die Bedürfnisanstalt aber „klassenlos" benutzt werden. Die Außengestaltung war die Vorlage für die Wartehäuschen der Wiener Straßenbahn, die heute freilich nicht mehr existieren.

Eine der ältesten noch erhaltenen „Holzhäusln" ist die **Toilette im Volksgarten.** Die Bedürfnisanstalt im **Schönbrunner Schlosspark** referiert mit ihren grünen Eisenverstrebungen an das nahe gelegene Große Palmenhaus, ähnlich wie die kleineren WC-Anlagen in **Neuwaldegg,** im **Wertheimsteinpark,** im **Schönbornpark,** im **Türkenschanzpark** und am Simmeringer **Zentralfriedhof.**

Gegen die heute übliche Gebühr von 50 Cent sollte man die architektonischen Kleinode vielleicht nicht nur benutzen, sondern durchaus auch genauer betrachten: Sehens- und schützenswert sind sie allemal.

Info

Historische Bedürfnisanstalten

1010: Graben (unterirdisch), Irisgasse (unterirdisch), Parkring/Wollzeile

1020: Augartenbrücke/Obere Donaustraße, Rabbiner-Schneerson-Platz

1060: Linke Wienzeile, Mariahilfer Straße/Amerlingstraße (unterirdisch)

1080: Florianigasse (Schönbornpark)

1100: Antonsplatz/Schröttergasse, Puchsbaumplatz

1120: Aßmayergasse/Karl-Löwe-Gasse

1130: Alois-Krauß-Promenade/Gloriettegasse, Streckerplatz, Lilienberggasse/Hietzinger Kai

1150: Auer-Welsbach-Park/Schlossallee (hinter Tankstelle)

1160: Gallizinstraße/Funkengerngasse; Richard-Wagner-Platz/Thaliastraße

1170: Alszeile (Eingang Dornbacher Friedhof)

1180: Bischof-Faber-Platz, Türkenschanzpark (Gregor-Mendel-Straße/Hasenauerstraße)

1190: Sieveringer Straße, Zahnradbahnstraße (Endstelle Linie D), Wertheimsteinpark/Döblinger Hauptstraße

1210: Floridsdorfer Aupark (Eingang gegenüber Frömmelgasse), Kinzerplatz/Scheffelstraße

Die historischen Anlagen werden immer wieder renoviert und sind während dieser Zeit für den Publikumsverkehr geschlossen.

177

WIENERWALDDELIKATESSEN UND ALIENS

Im über 105 000 Hektar großen Biosphärenpark Wienerwald gibt es nicht nur Ausflugsziele und Wanderwege, sondern man kann auch Survivaltrainings absolvieren, Haselmäusen eine Luxusunterkunft bieten und Aliens bekämpfen.

Der Wienerwald gehört zu Wien wie der Schaum zur Melange – als **Naherholungsgebiet** ist er bei den Wienern beliebt und spätestens durch den Walzer von Johann Strauss (dem Sohn) und Ödön von Horváths *Geschichten aus dem Wiener Wald* auch weithin bekannt.

Dabei ist es nicht selbstverständlich, dass es den Wald heute noch gibt. Kaiser Franz Joseph war nach dem Krieg gegen Preußen 1866 wieder einmal das Geld ausgegangen. Also machte man Inventur und suchte nach veräußerbaren Gütern. Der Wienerwald bot sich an. Verhandlungen mit Interessenten begannen, monetäre Entscheidungshilfen wurden an Beamte übergeben und schließlich ein Vertrag mit einem Wiener Holzschlägerkonsortium unterschrieben. Dieses wollte den gesamten Wald abholzen. Nur der Kampagne des Journalisten Joseph Schöffel ist es zu verdanken, dass der Wald noch steht: Ab 1870 deckte er im *Wiener Tagblatt* zahlreiche Korruptionsfälle um den Vertragsabschluss auf. Fünf Mal wurde er wegen „Ehrenbeleidigung" vor Gericht gestellt, man bot ihm 50 000 Gulden Schweigegeld an und soll sich sogar um einen „Jagdunfall" Gedanken gemacht haben. Die Wiener lasen seine Reportagen und machten ihrer Empörung in unzähligen Petitionen Luft, bis der Vertrag schließlich gekündigt wurde und man 1905 beschloss, den Wald im Wiener Stadtgebiet auf immer unter Schutz zu stellen. Heute ist der Wienerwald seit zehn Jahren UNESCO-Biosphärenpark und Ort zahlreicher Aktivitäten.

178 Survival, verbundene Augen und Hotelpaten

Reini Rossmann veranstaltet im Wienerwald **Survivaltrainings.** Hier lernen die Teilnehmer, Feuer zu machen wie Ötzi, sich eine Unterkunft zu bauen und sich anhand von Sternen und Ameisenwegen zu orientieren. Fünf bis acht Survivallehrlinge lernen in ein bis zwei Tagen alles, was man wissen

48

Riesenbärenklau

muss, um im Wald zu überleben. Sie sammeln Holz für Lagerfeuer, suchen nach Delikatessen wie Raupen, Kellerasseln, Regenwürmern und Heuschrecken sowie nach Kräutern für den Tee. Rossmann zeigt, wie man Regenwürmer und Heuschrecken in Kochgruben zubereitet und Raupen auf heißen Steinen grillt. Abends schnitzt man am Lagerfeuer Holzlöffel oder sucht am Nachthimmel Sternbilder wie den Großen Wagen oder den Polarstern.

Weniger rustikal, dafür wesentlich sinnlicher ist es, den Wald mit verbundenen Augen und barfuß auf eigens angelegten Irrpfaden zu erkunden. An gespannten Schnüren entlang ertasten die Teilnehmer den Waldboden und nehmen Bäume und Sträucher einmal ganz anders wahr: durch Tasten und Riechen. Wie gut die frisch geschärften Sinne funktionieren, können die „Waldfühler" beweisen, wenn sie ausgesuchte Bäume wiederfinden sollen.

Wer es lieber weniger abenteuerlich hat, kann sich dem Projekt **Unterkünfte für Haselmäuse** anschließen. Die vom Aussterben bedrohten Kleinsäuger sind genau genommen keine Mäuse, sondern mit dem Siebenschläfer verwandt. Passenderweise ruhen sie sich bis zu acht Monate im Jahr aus und sind auch sonst ziemlich entspannt. Der Forschung zuliebe werden im Wienerwald maßgeschneiderte Holzhäuschen aufgehängt, in die die Tiere einziehen können. „Hotelpaten" müssen die kleinen, süßen Gäste lediglich vier Mal pro Jahr besuchen und nach dem Nachwuchs sehen.

180

Einwanderer und Superspezialisten

Kritischer geht man im Wienerwald mit den „Aliens" um. Seit Christoph Kolumbus 1492 die Neue Welt entdeckt hat, sind nicht nur Tomaten- und Kartoffelpflanzen nach Europa „eingewandert", sondern auch sogenannte Aliens – die **Neophyten:** Wasserpest, Wasserlinse, Staudenknöterich, Drüsiges Springkraut und der imposante Riesen-Bärenklau. Letzterer wird fast vier Meter hoch und ist fototoxisch: Berührt man die Pflanze, verbrennt sie die menschliche Haut. Wohl deshalb wurde sie auch zur Giftpflanze des Jahres 2008 gewählt. Um die Ausbreitung der konkurrenzstarken Aliens hintanzuhalten, machen Fachleute jährlich mehrmals auf den sorgsamen Umgang mit diesen aufmerksam. An ausgewählten Stellen kann man für die heimische Flora selbst Standraum von den Aliens zurückerobern.

Der Wienerwald bietet auch Lebensraum für einige pflanzliche „Superspezialisten", die sich den selten gewordenen Trockenrasengegenden mit ihren kargen Böden perfekt angepasst haben: Die Kuhschelle schützt sich mit ihren haarigen Blättern vor Sonnenbrand, Gräser bilden „Horste", um die spärliche Feuchtigkeit gemeinsam besser verwerten zu können, und der Frühlingsadonis nutzt seine feingliedrigen Federblätter als Sonnenschutz.

Diese Gebiete bilden außerdem den Lebensraum für den Neuntöter, eine Vogelart, die ihre Beute auf den Dornen des Schlehdorns zum Trocknen aufspießt, und für den Segelfalter, einen der schönsten Schmetterlinge Europas.

Damit die „Superspezialisten" sich gegen die pflanzliche Konkurrenz verteidigen können, pflegen Naturliebhaber unter der Anleitung von Biologen deren Lebensraum, indem sie die seltenen Pflanzen „frei schneiden" und ihnen so Platz zum Wachsen geben – und dabei eine ganze Menge über diesen schützenswerten Lebensraum erfahren.

Info

Der Wienerwald zieht sich über 7 Wiener Gemeindebezirke: **181**
Hietzing, Penzing, Ottakring, Hernals, Währing, Döbling, Liesing
Survivaltraining mit Reini Rossmann: ueberlebenskunst.at/
Lebensregion Biosphärenpark Wienerwald: www.bpww.at

GRENZWANDERWEG

49

Rund um Wien

An den Rändern Wiens führt ein 120 Kilometer langer Wanderweg durch Naturschutzgebiete, Häuserschluchten und Wälder zu Wallfahrtskirchen, Weingütern und Industrielandschaften.

Die Stadt einmal aus einer anderen Perspektive sehen, die üblichen, sattsam bekannten Hotspots und Sehenswürdigkeiten hinter sich lassen, über Schönes und Hässliches staunen: Die 120 Kilometer lange Stadtgrenze bietet einen angenehmen Kontrast zum „Alltäglichen". Eigentlich ist die Grenze ja 136,5 Kilometer lang, man müsste bei der Wanderung aber durch Vorgärten schleichen und die Donau entlangpaddeln. Das eine bringt wahrscheinlich eine Besitzstörungsklage, das andere würde das Gepäck erheblich vermehren. Die Strecke ist sind dafür gut beschildert und auch für weniger geübte Wanderer eine Empfehlung.

2005 feierte die Stadt Wien „100 Jahre Grüngürtel" und richtete zu diesem Anlass einen 120 Kilometer langen **Jubiläumsrundwanderweg** ein. Dabei stieß die Idee des Grüngürtels, auf den Wien heute zu Recht stolz ist, ursprünglich kaum auf Gegenliebe bei den Regierenden: Im 19. Jahrhundert musste die Erhaltung so mancher Grünfläche von den Bürgern erst erstritten werden. Die Idee der Gräfin Adelheid Dohna-Poninski, um Wien einen Grüngürtel als Erholungsstätte für alle Bevölkerungsschichten einzurichten, verhallte ungehört. Die Stadt wuchs, immer mehr Grün verschwand. Es bedurfte zum Beispiel einer Medienkampagne, um einen Teil des Wienerwaldes vor der Abholzung zu bewahren. Erst 1905 beschloss die Stadtregierung, dass „von den Hängen des Leopolds- und Kahlenberges bis zur Donau im Bezirke Kaiserebersdorf für alle Zeiten" der Grüngürtel zu schützen sei.

Der **Rundumadum-Wanderweg** führt in 24 Etappen am Stadtrand entlang – durch Naturschutzgebiete, Landschaftsparks und Wälder, an Gewässern vorbei, aber auch durch Häuserschluchten und vorbei an Industrielandschaften, wie sie nun mal zu einer Großstadt gehören. Wanderer entdecken „Heilstätten" und Wallfahrtskirchen, mitunter geraten sie unvermittelt auch an Denkmäler aus unrühmlichen Zeiten, wie etwa den – unkommentierten – Gedenkstein für den nationalsozialistischen Schriftsteller

182

Annabründl

49

HOF DER
IENLOSEN

1900
1935

Josef Weinheber am Kahlenberg. Der Rundwanderweg ist eben eine Rand- und Grenzerfahrung. Entlang an Vergangenheit, Brüchen und Fortschritt, an architektonischen Scheußlichkeiten und verträumten Landschaften, auf weichen Waldwegen und breiten Durchfahrtsstraßen geht es bis hin zu kulinarischen Genüssen in den vielen Hütten und Heurigen oder zu Picknicks in der Lobau.

Cobenzl, Kahlenberg, Hermannskogel

Folgt man der städtischen Vorgabe, beginnt und endet die Stadtumwanderung in **Nussdorf.** Über das Kahlenbergerdorf geht es über den Nasenweg über Weinberge auf den Leopoldsberg. Bereits im **Kahlenbergerdorf** zeigen sich die Gegensätze der Stadt: Das idyllische Dörfchen trotzt der stark befahrenen Heiligenstädter Straße – in einer der gemütlichen Buschenschänken fühlt man sich unvermittelt wie in der Kulisse eines Hans-Moser-Films. Ein steiler Aufstieg über den Nasenweg in Richtung **Leopoldsberg** fordert die Wadenmuskulatur. Entlang der längsten Straße Wiens, der Höhenstraße (rund fünfzehn Kilometer), führt der Weg zur verdienten Jause auf der Josefinenhütte. Gestärkt folgt man dem Weg bis zum **Kahlenberg:** Die Aussicht auf Donau und Wien ist spektakulär und entschädigt für die Mühen.

Abseits der bekannten Kahlenberger Josefskirche und der Denkmäler zur Türkenbelagerung 1683 findet sich auch eine kuriose Tafel, die eine fantastische alternative Geschichte über den Kahlenberg erzählt. Sie gehört zum Kunstprojekt des kalifornischen Künstlers Eames Demetrios: Seit 2003 tauchen überall auf der Welt solche Gedenksteine auf, die die Geschichte einer Parallelwelt erzählen. Der Kahlenberg wäre demzufolge eine Inselgruppe inmitten von Salzwasserseen gewesen.

Unter den vielen **Denkmälern** auf dem Kahlenberg befinden sich allerdings auch solche, die dringend einer kritischen historischen Betrachtung bedürften, wie das Denkmal, auf welchem sich der Austrofaschismus der Errichtung der Höhenstraße feiert.

Über die **Sulzwiese** gelangt man weiter zum Cobenzl. Auf der Wiese könnte man ein mitgebrachtes kaltes Schnitzel essen – genau so, wie es sich Thomas Bernhard in seinem Einakter *Claus Peymann und Hermann Beil auf der Sulzwiese* ausgedacht hat. Am **Cobenzl** selbst keltert seit 1907 die Stadt Wien ihren eigenen Wein. Hier kann man sich durch Keller, Presshaus und Weingärten führen lassen und verschiedene Weine verkosten. Am stadteigenen Biobauernhof „Landgut Cobenzl" spielen Besucher Bauerngolf und machen sich auf dem Lehrpfad über biologische Landwirtschaft kundig.

184

Eine weitere Etappe führt vom Cobenzl über die Jägerwiese zum sagenumwobenen **Agnesbründl**. Noch heute knüpfen Menschen Bänder an Bäume in der Hoffnung, dass ihre Wünsche in Erfüllung gehen. Die Aussicht auf die niederösterreichischen Wälder könnte als Kulisse für einen Hobbit-Film dienen. Weiter geht es auf den höchsten Berg Wiens, den **Hermannskogel**. Am 542 Meter hohen Berg steht die Habsburgwarte, die allerdings nur von April bis Oktober an den Wochenenden geöffnet ist.

Steigt man in Richtung der Stadt ab, gelangt man zur Höhenstraße und zum Gasthaus **Häuserl am Stoa'n.** Wer immer noch nicht genug hat, kann auf dem Rückweg in die Stadt noch den **Schwarzenbergpark** besuchen. Am Eingangstor des Parks ist ein Graffito aus dem frühen 19. Jahrhundert erhalten: Der Hofkammerbeamte, Alpinist und Reiseschriftsteller Joseph Kyselak (1798–1831) hatte sich auf seinen Reisen immer wieder mit seinem Namen oder der Inschrift „Kyselak war da" verewigt. **185**

Entlang der Liesing: von Alt-Erlaa zum Wienerberg

Ganz andere Stadtansichten erlebt man bei der Wanderung entlang des Liesingbaches. Mit der U6 erreicht man den **Wohnpark Alt-Erlaa.** In den bekannten, charakteristischen Gebäuden leben rund 9000 Menschen, die „Stadt in der Stadt" bietet eigene Tennisplätze, ein Ärztezentrum, mehrere Schwimmbäder, Gemeinschaftsräume und vieles mehr. Einmal pro Jahr kann der Wohnpark für die Initiative „OpenHouse" besichtigt werden. Vom Wohnpark aus geht es dem **Liesingbach** folgend in Richtung Wienerberg. Die Liesing ist verbaut, wurde aber streckenweise renaturiert. Der Weg führt an einer Kleingartensiedlung am Steinsee vorbei, der leider nicht öffentlich zugänglich ist. Auf dem Pfad wechseln sich idyllische Strecken und Betonwüsten ab – er ist ein interessantes Beispiel schöner und hässlicher Seiten der Großstadt. Der Streckenabschnitt endet am Naherholungsgebiet **Wienerberg**, dem ehemaligen Lehm-Abbaugebiet, wo vor hundert Jahren noch die „Ziegelböhm" ausgebeutet wurden, um die Ziegel für den Ringstraßenbau zu produzieren. Heute badet man in den Teichen, die in den 1970er-Jahren ausgehoben wurden. Im nahe gelegenen Restaurant „Chadim" kann man sich mit Wiener Spezialitäten belohnen, begleitet vom Charme und Witz der Ober.

Alberner Hafen, Friedhof der Namenlosen, Lobau (Naturschutzhaus)

Ein besonderes Ziel für Freunde von Industrielandschaften ist der **Alberner Hafen**: Die öffentliche Straße führt durch das Hafengelände mit seinen riesigen Getreidespeichern und teilweise verfallenen Hafenanlagen. Direkt dahinter liegt der **Friedhof der Namenlosen** mit dem nach ihm benannten Gasthaus. Am Friedhof liegen unbekannte Wasserleichen begraben, die zwischen 1840 und 1940 im Hafenbereich angeschwemmt wurden. Seit Generationen betreut die Familie Fuchs ehrenamtlich die 104 Gräber, stellt Eisenkreuze auf und kümmert sich um den Blumenschmuck. Insgesamt repräsentiert diese Etappe einen morbiden Charme – für Zeiten, wo einem nach etwas melancholischer Ruhe ist.

Auf der anderen Seite der Donau liegen die **Lobau** und das **Nationalparkhaus**. Vom Haus „lobAU" starten viele Umwelt-Themenwanderungen, zum Beispiel Pflanzen- und Tierwelt, essbare Pflanzen oder Napoleon in der Lobau.

Bisamberg, Stammersdorf, Strebersdorf

186 Eine Halbtagesetappe auf dem Rundweg führt auf den **Bisamberg** in Floridsdorf. Am **Magdalenenhof** an der Senderstraße befindet sich ein beliebtes Ziel für Familienausflüge, auch wenn der „neue" Magdalenenhof nicht den gemütlichen Charme zu bieten hat, für den der alte Magdalenenhof einst berühmt war. Unmittelbar daneben steht ein Gebäude mit bester Aussicht auf die Stadt – die ehemalige **Mittelwellen-Sendeanlage,** die 2008 endgültig abgestellt wurde. Das heute verlassene Gebäude ist denkmalgeschützt, aber die 265 Meter hohen Sendemasten wurden im Februar 2010 trotz massiver Bürgerproteste gesprengt.

Weiter geht es bergabwärts in Richtung **Stammersdorf.** Durch Hainbuchen-Eichen-Mischwälder und vorbei an Weinbergen gelangt man, von den wohl einsamsten Straßenschildern Wiens geführt, zu den **Alten Schanzen:** 1866 wurden sie von allen verfügbaren Arbeitskräften, darunter auch Frauen und Kinder, als Verteidigungsanlagen gegen die heranrückenden preußischen Truppen errichtet. Noch bevor die Soldaten in Stammersdorf ankamen, wurde aber ein Waffenstillstand geschlossen. Im Ersten Weltkrieg wurden die Schanzen wieder renoviert und in Betrieb genommen. Aber auch diesmal blieben die Gefechte aus, der Gegner wurde bereits in den Karpaten aufgehalten. Erst im Zweiten Weltkrieg fanden hier kurz vor Kriegsende Gefechte statt. Heute versprühen die Ruinen der sogenannten „Schanze X" – verwachsen und mit Graffitis besprüht – eine durchaus charmante Trostlosigkeit.

In Stammersdorf selbst ist das Hauptthema natürlich der **Wein.** In den kühlen Hinterhöfen der Heurigen warten Wiener Weine darauf, verkostet zu werden. Und es soll schon vorgekommen sein, dass es Wanderer statt zum nächsten Etappenziel **Strebersdorf** nur mehr bis zur Straßenbahnstation geschafft haben. Auch das nächste Ziel der Etappe ist ein Weinort: Strebersdorf. Von hier wandert man der Neuen Donau entlang bis zur Donauinsel und weiter über den Nussdorfer Steg nach Döbling.

Jene, die die 24 Etappen lieber schneller hinter sich bringen, können einmal pro Jahr am 124 Kilometer langen **Ultra Trail** rund um Wien teilnehmen – die Bestzeit liegt bei 12 Stunden 11 Minuten.

Info

rundumadum-Wanderweg um Wien: Alle Ausgangs- und Endpunkte der einzelnen Etappen sind mit öffentlichen Verkehrsmitteln erreichbar. Zu beachten sind etwaige Toröffnungszeiten wie im Lainzer Tiergarten, Zentralfriedhof und Laaer Wald. Online-Map: www.wien.gv.at/umwelt/wald/freizeit/wandern/rundumadum/index.html
Ultra Trail: www.wien-rundumadum.at

DER KULTURHÜGEL IM WIENERWALD

Klosterneuburg | Maria Gugging

Vor den Toren Wiens lebt ein Dutzend hochbegabter Künstler in einer Wohngemeinschaft. Das weltweit einmalige Projekt zeigt einen Teil ihrer Exponate in der Galerie Gugging und im Museum Gugging, nur ein paar Schritte vom Wohnhaus der Kreativen entfernt.

Johann Garber liebt bunte und kräftige Farben. Er bemalt Geweihe, Lichtschalter und Wände. Oder einen Ofen im Keller, den er Besuchern gerne präsentiert. Er bastelt auch, sammelt Gegenstände von Flohmärkten und redet viel. Dazwischen arbeitet er an einem großen Bild, für das er sich ein halbes Jahr Zeit lässt. Garber ist ein fleißiger und begabter Künstler, dessen Werke regelmäßig ausgestellt und verkauft werden. Darüber hinaus hat er das drei Meter hohe bunte Ohr, das vor dem ORF-Funkhaus in der Argentinierstraße steht, gestaltet. Doch der 68-Jährige kann sich nicht alleine versorgen, deshalb lebt er in dem bunt bemalten **Haus der Künstler** mitten im Wienerwald, gemeinsam mit zwölf anderen Bewohnern, betreut durch Pflegepersonal.

„Wir sagen nicht Patienten, sondern Künstler. Natürlich brauchen diese Menschen Betreuung. Andererseits sind sie Künstler, manche mit Weltruf." Nina Katschnig ist die Leiterin der wahrscheinlich außergewöhnlichsten **Galerie** Österreichs. Die Hälfte der hier ausgestellten Werke stammt von den Gugginger Künstlern, die anderen von ihren international anerkannten Art-Brut-Kollegen. Nur ein paar Schritte von der Galerie entfernt ist ihr Zuhause, das „Haus der Künstler". Alle Bewohner haben eine Erkrankung, die einen chronischen Verlauf genommen hat, und sie alle verfügen über eine enorme künstlerische Begabung.

Die Werke der Künstler zählen zu den Klassikern der Art Brut

188 „Wir bieten den Künstlern nur die Möglichkeit, jederzeit ihre Kreativität auszuleben. Es ist keine Therapie, denn geheilt werden sie dadurch nicht. Aber sie können kreativ tätig sein, wann und wo sie wollen", erklärt die Galeristin Katschnig. „Wir unterstützen und fördern das, aber wir leiten nicht an. Diese Menschen haben nie eine Akademie besucht, sie sind Schöpfer

Künstlerhaus

Bemalter Kamin

Künstlerhaus

Walla-Zimmer

50

von Werken, die der Art Brut zugerechnet werden, das heißt jener Kunstform, deren Wesen es ist, dass die Künstler auf einzigartige Art und Weise ihre Welt darstellen." Auf dem Gelände befindet sich auch ein offenes Atelier, in dem Material zur Verfügung gestellt wird. Wird ein Werk verkauft, geht die eine Hälfte des Gewinns an den Künstler, die andere an die Galerie, die dafür sorgt, dass die Werke weltweit in anderen Museen und Galerien gezeigt werden.

Im gleichen Gebäude gibt es das weitläufige **Museum Gugging**, in dem neben Werken von lebenden und bereits verstorbenen Gugginger Künstlern auch die Geschichte des Projekts sowie internationale Art Brut gezeigt wird. Im Museum werden vier wechselnde Ausstellungen pro Jahr präsentiert, ebenso wie in der Galerie. Etwa 15 000 Besucher kommen jährlich, um die Ausstellungen oder auf Anfrage auch das „Haus der Künstler" zu besichtigen. „Die Besucher kommen zu einem sehr großen Teil aus dem Ausland", sagt Katschnig. Viele Wiener wüssten gar nicht, welches Kulturjuwel da vor ihrer Haustür liegt, denn Werbemittel seien kaum vorhanden. Unterstützt wird das Projekt vom Verein „Freunde des Hauses der Künstler in Gugging".

Das Wohnhaus und wie alles anfing

Das Haus der Künstler ist über Jahrzehnte gewachsen. In den 1950er- und 1960er-Jahren betreute der Psychiater Leo Navratil in der damaligen „Heil- und Pflegeanstalt" in Gugging zum Teil mehr als 500 Patienten. Er führte Zeichentests ein, um bessere Diagnosen erstellen zu können. Dabei fiel ihm das Talent einiger Patienten auf. Der Arzt übersiedelte mit achtzehn besonders Begabten in einen leer stehenden Pavillon und gab ihnen Raum und Möglichkeit, um ihre Kreativität auszuleben. Später begann er, einen Teil der Werke zu verkaufen, um seine Schützlinge bekannt zu machen. Nach Navratils Pensionierung 1983 übernahm Johann Feilacher die Leitung des damaligen „Zentrums für Kunst- und Psychotherapie". Der Pavillon wurde in der Folge umbenannt.

Im Haus der Künstler befindet sich unsere „Sixtina", wie Katschnig gerne sagt. Sie meint damit das ehemalige **Zimmer des 2001 verstorbenen August Walla**, der bis heute als einer der universellsten Art-Brut-Künstler gilt. Er bemalte Straßen, Bäume, Häuser und jeden Quadratzentimeter seines kleinen Raums. Das Zimmer, das im Originalzustand erhalten blieb, wirkt durch die dunklen Farben etwas bedrückend, während der Rest des frisch renovierten Hauses hell, freundlich und weitläufig ist. Die Bewohner unterhalten sich, trinken Kaffee oder malen. Manchmal zeigen die Künstler den

190

Walla-Zimmer

Besuchern einen Teil ihrer Arbeit oder lassen sich beim Werken über die Schulter schauen.

Das Besondere an diesem Ort am Rande des Wienerwaldes ist es, die Künstler in ihrem eigenen Museum oder der Galerie anzutreffen – ein Kaffeetratsch ist jederzeit möglich.

Info

galerie gugging: Montag bis Freitag, 10–18 Uhr. www.gugging.org
museum gugging: Sommerzeit: Dienstag bis Sonntag, 10–18 Uhr, Winterzeit: Dienstag bis Sonntag, 10–17 Uhr. Preise: Erwachsene 7 €, verschiedene Ermäßigungen. www.gugging.at
Eine Mitgliedschaft im Verein „Freunde des Hauses der Künstler in Gugging" kostet pro Jahr für Kunstinteressierte aus Österreich 160 €. Jedes Mitglied erhält zu Weihnachten eine Radierung von einem Gugginger Künstler und hat freien Eintritt ins Museum Gugging.

191

ANHANG

Quellen & Lektürehinweise (Auswahl)

··

10 Jahre Sargfabrik. Integration, Kultur, Leben, Wohnen und Arbeiten im wilden Wiener Westen. In: Falter, Beilage zu Nr. 39/06, 19.09.2006.

Aigner, C.: mdw@St. Ursula. In: Kunsträume 3/2014, mdw 2014.

alszeilen, das schwarz-weiße Stadionmagazin. Nr. 15, 22.05.2015.

Anwander, B.: Unterirdisches Wien. Ein Führer in den Untergrund Wiens. Die Katakomben, der Dritte Mann und vieles mehr. 2. Auflage. Falter Verlag 2010.

Bauer, L./Bauer, W. T.: Extra-Ausgabe „Da steht er, der ‚eingestürzte Bau‘", Presse und Polemik zur Errichtung des Karl-Marx-Hofes. 2015.

Bieberger, C./Gruber, A.: Ganz Wien für wenig Geld. Metroverlag 2011.

Brandstätter, C. (Hg.): Federico von Berzeviczy-Pallavicini, die k. k. Hofzuckerbäckerei Demel. Ein Wiener Märchen. Molden Edition Graphische Kunst 1976.

Brunner, K./Schneider, P.: Umwelt Stadt, Geschichte des Natur- und Lebensraumes Wien. Böhlau Verlag 2005.

Burszán, R.: Untersuchung zu Kunsttechnologie und Werkprozess an Wandmalereien von Johann Michael Rottmayr (1654–1730). Dissertation, 2007.

Diem, P./Göbl, M./Saibel, E.: Die Wiener Bezirke. Ihre Geschichte. Ihre Persönlichkeiten. Ihre Wappen. Perlen Reihe, Deuticke Verlag 2002.

Duller-Mayrhofer, J.: Die Alte Donau. Auf Sommerfrische in der Stadt. Metroverlag 2012.

Ebenberger, J./Mayer, H./Minich, H.: Das Eichenreservat Johannser Kogel im Naturschutzgebiet Lainzer Tiergarten. In: NATUR und LAND, 76. Jg. (1990) 6, S. 186 ff.

Feilacher, J.: Zur Geschichte einer Idee. In: Sovären. Das Haus der Künstler in Gugging. Edition Braus 2004.

Fink, H./Lust, H.: Wiener Kulturspaziergänge. Pichler Verlag 1997.

Fischer, L.: Lina Loos oder wenn die Muse sich selbst küsst. Böhlau 2007, S. 158.

Foet, M.: Der Wiener Grüngürtel. Leistungen und Nutzen für die Gesellschaft. Masterarbeit, 2010.

Förster, W.: Das Rote Wien und Proletarische Kultur: Zwischen Selbstinszenierung und Niederlage: Karl Ehn Otto Wagner-Schüler Wiener Stadtbaumtbeamter. In: Wenzl-Bachmayer, M. (Hg.): Wagner-Schule Rotes Wien – Architektur als soziale Utopie. Ausstellungskatalog, 2010.

Freitag, W.: Wo Wien beginnt. Eine Erkundung der Stadt vom Rand her. Metroverlag 2015.

Friehs, J.: Des Kaisers Architekten. Ein ungleiches Architektenduo plant im großen Stil die kaiserlichen Neubauten an der Ringstraße und endet im Streit. www.habsburger.net/de/kapitel/des-kaisers-architekten [19.07.2015]

Fürnhammer, A.: Das große Sterben in Wien. In: Wiener Zeitung, 06.09.2013.

Gepp, J.: Der Zauberwald. In: Falter, Nr. 29, 2008.

192

Hacker, H.: Wiener Kaffeehäuser: Die Tempel der Torten. www.falstaff.at/gourmet-artikel/wiener-kaffeehaeuser-die-tempel-der-torten-3790.html [19.05.2015]

Haider, H.: Wiener Karlskirche: Mit dem Lift in das barocke Himmelreich. In: Die Presse, 28.03.2002.

Haller, G.: Die Ringstraße – Geschichte eines Boulevards. In: Die Presse – Geschichte, 2015.

— Kunst und Natur – die Museumszwillinge. In: Die Presse – Geschichte, Die Ringstraße – Geschichte eines Boulevards, Die Presse, 2015.

Hamann, B.: Elisabeth. Kaiserin wider Willen. Amalthea Verlag 1981.

Harrer, I.: Wien und die Bücher, Bücher, Bücher! Über 100 Orte des Lesegenusses. Metroverlag 2010.

Hasitschka, W. u. a.: Wissensbilanz 2013, der mdw – Universität für Musik und darstellende Kunst Wien, mdw. www.mdw.ac.at/upload/MDWeb/bul/down-loads/Wissensbilanz-2013-mdw.pdf [19.07.2015]

Hautmann, H./Hautmann, R.: Die Gemeindebauten des Roten Wien 1919–1934. Schönbrunn-Verlag 1980.

Imlinger, C.: Tour durch touristenfreie Zonen. In: Die Presse, 10.05.2015.

Jensen, N./Trumler, G.: Die schönsten Kirchen Österreichs, Styria 2005.

Jovanovic-Kruspel, St. (Hg.): Das Naturhistorische Museum Wien. Ein Führer durch die Schausammlungen, Naturhistorisches Museum 2014.

Kainberger, R.: Sachertorte: Der Klassiker im Hotel Sacher. www.stadt-wien.at/life-style/essen-trinken/sachertorte-der-klassiker-im-hotel-sacher.html [19.05.2015]

Kapeller, L.: Paternoster. Ein Hundertjähriger Dauerläufer. In: Der Standard, 05.04. 2012.

Katschnig, N.: Die Künstler aus Gugging / Vorurteil und Realität. In: Gugging. Ein Ort der Kunst. Christian Brandstätter Verlag 2006.

Krall, R./Prenn, D.: Mit Händen Bilder sehen. In: neuesmuseum. Hg. v. Museums-bund Österreich. März 2015.

Kriechbaum, G.: Der enigmatische Architekt Karl Ehn 1884–1959. In: Kriechbaum, G. & G. (Hg.): Karl-Marx-Hof Versailles der Arbeiter, Wien und seine Höfe. Holzhausen Verlag 2007.

Kriller-Erdrich, B.: Das Unsichtbare sichtbar machen. Kunsthistorisches Museum Wien 1991.

Lackner, H. (Hg.): 100 Jahre Technisches Museum Wien. Ueberreuter Verlag 2009.

Lehmann, O.: Tiergarten Schönbrunn. Mythos und Wahrheit. Hg. v. D. Schratter. Christian Brandstätter Verlag 2012.

Lukacs, G./Bouchal, R.: Geheimnisvolle Unterwelt von Wien. Keller. Labyrinthe. Fremde Welten. Pichler Verlag 2014.

Mandl, H.: Wiener Altstadt-Spaziergänge. Verlag Carl Ueberreuter 2001.

Marits, M.: Krieau: Pferdewetten waren gestern. In: Die Presse, 12.01.2014.

Minkin, C.: „Vienna Ugly". Die Stadt durch Hässlichkeit neu entdecken. In: der-standard.at, 22.05.2015. derstandard.at/2000015990288/Vienna-Ugly-Die-Stadt-durch-Haesslichkeit-neu-entdecken [10.06.2015]

Missbach, M.: Die Wiener Karlskirche, Kunst als Erlebnis „Das barocke Himmel-reich des berühmten Malers Johann Michael Rottmayr von Rosenbrunn". In: Festschrift zum 14. Welttag der Fremdenführer, 21.02.2003.

Piller, D.: Ein barockes Juwel. In: Kunsträume, 3/2014, mdw 2014.

193

Payer, P.: Die synchronisierte Stadt. Öffentliche Uhren und Zeitwahrnehmung, Wien 1850 bis heute. Holzhausen Verlag 2015.

— Unentbehrliche Requisiten der Großstadt. Eine Kulturgeschichte der öffentlichen Bedürfnisanstalten von Wien. Löcker Verlag 2001.

— (Hg.): Wetti Himmlisch, Memoiren einer Wiener Toilettefrau um 1900. Leben, Meinung und Wirken der Witwe. Löcker Verlag 2001.

Pötschner, A.: Wien, die kaiserliche Residenzstadt. Ein Führer durch das imperiale Wien: Hofburg, Schönbrunn, Belvedere, Ringstraße. Von Maria Theresia bis zu Franz Joseph und dem Mythos „Sisi". Falter Verlag 2009.

Polleroß, F.: Die Karlskirche als Kunst und politisches Symbol. Votivkirche und Staatskirche. In: Doppler, E. (Hg.): Am Puls der Stadt: 2000 Jahre Karlsplatz (Wien-Museum Karlsplatz, 29. Mai–26. Oktober 2008), 2008.

Pufler, K.: Wo der Ziegelböhm tanzte ... Hg. v. Kulturverband Böhmischer Prater-Tivoli. Milde Verlag 1999.

Rauscher, A.: Der Wiener Zentralfriedhof. Die bedeutendste Begräbnisstätte Wiens. Hg. v. Friedhöfe Wien.

Regal, W./Nanut, M.: Ein architektonische Unikum erschienen. In: Springermedizin.at http://www.springermedizin.at/artikel/6440-ein-architektonisches-unikum-narrenturm-38 [30.05.2015]

Reitprecht, M.: Wo stehen hier die E-Books? Milena Verlag, Wien 2015.

Republik Österreich: Parlament, Das österreichische Parlament, Parlamentarismus, Gebäude, Geschichte, Wien 2013.

Schmöckel, S.: Die Hermesvilla. Privatresidenz auf Staatskosten? www.habsburger.net/de/kapitel/die-hermesvilla-privatresidenz-auf-staatskosten [19.05.2015]

Semper, M.: Hasenauer und Semper, eine Erwiderung und Richtigstellung, Separatabdruck aus der Allgemeinen Bauzeitung, Boysen und Maasch, Hamburg, 1895. mediatum.ub.tum.de/doc/1118307/1118307.pdf [19.07.015]

Slapansky, W.: Das kleine Vergnügen an der Peripherie. Der Böhmische Prater in Wien. Picus Verlag 1992.

Smith, D. J. D.: Nur in Wien. Ein Reiseführer zu sonderbaren Orten, geheimen Plätzen und versteckten Sehenswürdigkeiten. Christian Brandstätter Verlag 2010.

Sperger, W.: Demel's Reputation, 01.11.2005. www.philodex.net/blog/demels-reputation [19.05.2015]

Stahn, D.: Die dunkle Königin der Torte. www.dumontreise.de/europa/wien/reportagen/die-dunkle-koenigin-der-torte [19.05.2015]

Stemmer, M./Jungnik, S./Prlic, Th.: Lauschige Plantschplätze. In: Falter, Nr. 29/06, 2006.

Stift, H. S.: Lieblingsorte der Wiener. Ein Führer zu legendären Orten in der Stadt und deren spannenden Geschichten – am Wasser, im Grünen, in alten Gemäuern und im Kaffeehaus. Falter Verlag 2004.

Stohl, A.: Die Genesungsmaschinerie des Narrenturms. Kaiser Joseph II. Welt-Geist-Digitalisierungs-Automat. In: Polzer, B. O./Schäfer, Th. (Hg.): Katalog Wien Modern, Pfau 2001, S. 52–57.

Timmermann, B.: Der dritte Mann. Czernin Verlag 2002.

Torberg, F.: Die Tante Jolesch oder Der Untergang des Abendlandes in Anekdoten. Tosa Verlag 1995.

194

Unterreiner, K./Gredler, W.: Die Hofburg. Sehenswürdigkeiten. Museen. Kunstschätze. Pichler Verlag 2009.
Waldherr, G.: Wands leben wüsd, muassts übers Sterbn reden. In: Merian Wien, Niederösterreich. Heft 07/2007.
Weiss, W. M.: 99x Wien, wie Sie es noch nicht kennen. Bruckmann Verlag 2015.
Werfring, J.: Das Stahlungetüm in der Wiener Karlskirche. In: Wiener Zeitung, 14.02.2013.
Wiener Staatsoper, Wiener Opernball 2015. Edition Lammerhuber 2015.
Witt, V.: Die Sternwarte, in der die Zeit stehen blieb. In: Sterne und Weltraum, April 2002.
Zauner, F.: Mit dem Rad zu den Straßenbahnern. In: Wiener Zeitung, 13.09.2011.

Alte Schanzen (Stammersdorf). www.wikiwand.com/de/Alte_Schanzen_%28 Stammersdorf%29 [19.07.2015]
Bundesdenkmalamt. www.kunstkultur.bka.gv.at/Docs/kuku/medienpool/5993/ kb00_bda.pdf [19.07.2015]
Demel. www.wikiwand.com/de/Demel [19.05.2015]
Europäische Sensation in der Karlskirche. www.kath.net/news/2159 [19.07.2015]
Fahrradfahren in Wien (1887): www.wien.gv.at/kultur/archiv/geschichte/zeugnisse/fahrrad.html [19.08.2015]
Friedhof der Namenlosen. http://friedhof-der-namenlosen.at/ [19.07.2015]
Haus der Julia. www.zainoo.com/de/italien/venetien/verona/haus-der-julia [06.04.2015]
Höhenstraße. www.wien.gv.at/wiki/index.php/Höhenstraße [19.07.2015]
Hotel Imperial. www.imperialvienna.com/de/imperial-talents [19.07.2015]
Johann Michael Rottmayr (1654–1730). www.sueddeutscher-barock.ch/In-Meister/h-r/Rottmayr.html [19.07.2015]
Kaiser Joseph II. Welt-Geist-Digitalisierungs-Automat. In: Katalog Wien Modern 2001. Hg. v. Berno Odo Polzer und Thomas Schäfer. Saarbrücken: Pfau 2001, S. 52-57. http://www.wienmodern.at [30.05.2015]
Matzner, Alexandra. Der Karlsplatz in Wien. www.textezukunst.com/index.php?page=der-karlsplatz-in-wien [19.07.2015]
Parlament: www.parlament.gv.at/GEBF/ARGE/ [19.08.2015]
Pathologisch-anatomische Sammlung im Narrenturm. www.nhm-wien.ac.at/forschung/anthropologie/pathologisch-anatomische_sammlung_im_narrenturm [28.07.2015]
Stephansdom. www.stephansdom.at/dom_architektur_dach.htm [20.02.2015]
Strombäder im Donaukanal. In: Wien Geschichte Wiki, 13.02.2015. www.wien.gv.at/wiki/index.php/Stromb%C3%A4der_im_Donaukanal [26.05.2015]
Vor 20 Jahren brannte die Hofburg. wien.orf.at/news/stories/2560607/ [26.11.2012]
Wien – unbewegliche und archäologische Denkmale unter Denkmalschutz. Bundesdenkmalamt, Stand: 28. Juni 2013 (pdf). http://www.bda.at/documents/ 991320437.pdf [19.07.2015]
Wiener Sportklub: www.wikiwand.com/de/Wiener_Sportklub [19.07.2015]
www.univie.ac.at/hypertextcreator/europa/site/browse.php?artiid=1564&arttyp=k [19.07.2015]

195

Dank

Besonderen Dank an Wolfgang Muhr (für Korrektur, Input, Fotos) sowie Christof Bieberger, Stefan Pattis und Rainer Sigl (für die Unterstützung bei Recherche und Korrektur).

Diesen und zahlreichen weiteren Personen, die uns mit wertvollen Tipps und Ratschlägen unterstützt und mit uns gesprochen haben, sei gleichfalls herzlich gedankt: Klaus Brenner (Domführer), Hannah Landsmann (Jüdisches Museum), Eva Dinstis (Staatsoper), Thomas Zauner (Öst. Nationalbibliothek), Dietmar Muthenthaler (Demel), Werner Rauch (Burgtheater), Esther Deutsch-Quiñones (Parlament), Irina Kubadinow, Franz Topka (NHM), Barbara Herbst (KHM), Gabriele Lukacs (Unterirdisches Wien), Andi Wojta (Minoritenstüberl), David & Lukas (Tweed Rider), Thomas Maldet (TÜV-AUSTRIA), Brigitte Mang (Österreichische Bundesgärten), Eva Klimek (Verein: Schatzhaus Österreich), Werner Gruber, Ewa Knaf (Planetarium), Herr Finnland (Nesterval), Brigitte Timmermann, Gerhard Strassgschwandtner (Dritter Mann), Jonathan Irons, Daniel Frankl (Vienna Greeters), Gerold Ecker (Badeschiff), Birgit Ecker, Roland Hörmann (Retter der Buchstaben), Eugene Quinn (Vienna Ugly Tour), Doris Piller & Susanne Latin (mdw), Stefan Fleischhacker (L.E.O.), Oliver Hangl, Stefan Foidl (Beschwerdechor), Christian Jahl (Hauptbücherei Wien), Eduard Winter (Narrenturm), Henriette Geissler, Franz Reinhardt, Karl Mayer (Böhmischer Prater), Christian Schuh, Frank Ferdinand, Paul Wulf, Andrea Rauscher (Zentralfriedhof), Florian Müller, Eddy Franzen (Schloss Schönbrunn), Thomas Wampula (Tiergarten Schönbrunn), Gerhard Prenner (Lainzer Tiergarten), Birgit Rotter (Lainzer Tiergarten, Wienerwald), Peter Payer (TMW, Öffentliche Bedürfnisanstalten), Rainer Tietel (Sargfabrik), Gerhard Spitz (Nachtwächter von Ottakring), Herr Leo & Matthias Kandler (WSK), Lilli Bauer (Karl-Marx-Hof), Helmut Bienstock (Vienna Dragons), Astrid Rompolt (Wiener Wasser), Rudolf Neckam (Daubelfischer), Nina Katschnig, Gertrude Hacker (Gugging), Peter Autengruber.

Zahlreiche Institutionen haben dankenswerterweise Informationsmaterial und weiterführende Informationen zur Verfügung gestellt.

Die Autorinnen

ALEXANDRA GRUBER ist Soziologin, Journalistin und Sachbuchautorin. Sie lebt in Wien.

MARLIESE MENDEL ist Journalistin und Mitherausgeberin von DieZeitschrift.at. Auch sie lebt in Wien. www.diezeitschrift.at

Bildnachweis

Wien – eine Stadt voller Geheimnisse, eine Stadt voller Geschichten.
Isabella Ackerl und Harald A. Jahn sind ihren Spuren gefolgt.
Unbekanntes wird ans Licht geholt, Bekanntes mit spannenden Details
neu erzählt. Das Buch bietet selbst dem versierten Wien-Liebhaber eine
Fülle von Material, die Stadt neu zu entdecken und zu erfahren. Kirchen
und Keller, Paläste und Pflastersteine, Ruinen und romantische Plätze –
UNBEKANNTES WIEN schildert die Stadt in vielen spannenden Einzel-
porträts. Es ist Lesestoff, Stadtgeheimnisführer und Geschichtsbuch in
einem. Wer glaubt, schon alles über Wien zu wissen, wird überrascht sein.

Isabella Ackerl | Harald A. Jahn
UNBEKANNTES WIEN
Verborgene Schönheit |
Schimmernde Pracht
Überarb. und akt. Neuausg. 2015

256 Seiten, 15,2 x 21,5 cm
Broschur · € 18,00
ISBN 978-3-85431-643-5

pichler verlag

Ob herausgeputzt und Ziel unzähliger Besucher, ob dem Verfall am Stadtrand preisgegeben, ob Hotel, Schuhfabrik oder Gefängnis, ob mit prachtvollem Park oder verwildertem Garten: Charmant und informativ stellt Christina Rademacher Schlösser und „Schlössl" in Wien und Umgebung vor. Die repräsentativen Ziele sind in 14 reizvolle Entdeckertouren eingebettet, wobei sich – je nach Lage und Tour – eine Erkundung zu Fuß oder mit dem Fahrrad anbietet. Unterwegs erfährt man nicht nur Wissenswertes über die Bewohner von einst und heute sowie Sehenswürdigkeiten am Wegesrand, sondern trifft auch auf Schritt und Tritt die lebendige Vergangenheit Wiens.

Christina Rademacher
**AUF DEN SPUREN VON
PRUNK & POMP**
**Unterwegs zu den schönsten
Schlössern in und um Wien**

192 Seiten, 14,5 x 20,5 cm
Klappenbroschur · € 19,99
ISBN 978-3-85431-690-9

pichler verlag

Im Sinne der bestmöglichen Lesbarkeit schließt die Verwendung der männlichen Form stets auch Frauen mit ein.

ISBN 978-3-85431-702-9

Wien – Graz – Klagenfurt
© 2015 by *Pichler Verlag*
in der Verlagsgruppe Styria GmbH & Co KG
Alle Rechte vorbehalten.

Bücher aus der Verlagsgruppe Styria gibt es
in jeder Buchhandlung und im Online-Shop

Cover- und Buchgestaltung: Maria Schuster
Coverfoto: Robert Kalb/picturedesk.com (Ausschnitt)

Druck und Bindung:
Druckerei Theiss GmbH, St. Stefan im Lavanttal
7 6 5 4 3 2 1
Printed in Austria